KB202058

부를
쌓아가는
완벽한
부동산 습관

부를 쌓아가는 완벽한 부동산 습관

부동산 투자를 위한 최소한의 공부와 실제 투자 이야기

부동산 인플루언서 케이치 지음

Booksgo

당신이 알던
세상은 틀렸다

"대학은 무조건 나와야지. 좋은 직장에 취직해야지. ○○살 전에는 결혼해야지."

대한민국에서 사는 사람이면 수없이 들었을 말이다. 나 역시 같은 말을 듣고 자랐고, 다 그렇게 사는 줄 알았다. 그게 인생을 사는 정답인 줄 알았다.

하지만 어느 순간 불현듯 이런 생각이 들었다.

"수많은 사람과 똑같이 살 거라면 난 왜 태어난 거지?"

'수많은 기계 부품 중 하나로 살겠구나' 하는 생각이 들었다. 그때부터 나는 다른 삶의 방식을 찾기 위해 책을 읽고 강의를 듣기 시작했다.

그러다가 충격적인 사실을 알게 되었다. 내가 알고 있던 삶의 방식은, 어쩌면 세상이 만들어 낸 각본일지도 모른다는 사실을 말이다.

매달 꼬박꼬박 들어오는 월급만 바라보고 묵묵히 일하는 사람은 부자가 될 수 없다. 우리 사회는 그런 사람을 믿음직한 사람, 착한 사람, 성실한 사람이라 부르기도 한다. 하지만 소위 1%라고 지칭되는 상류

내가 읽었던 책들

층은 최소한의 일만 하고 훨씬 더 많은 돈을 번다. 우리가 바라는 월급의 10배 이상을 벌기도 한다.

여러 책을 읽으며 내가 알게 된 한 가지 확실한 사실은 부자가 평범한 중산층이나 서민보다 훨씬 유동적인 삶을 산다는 점이다. 내가 일하고 싶을 때 일하고 쉴 때 쉴 수 있는 그런 삶. 평범한 우리가 꿈꾸는 삶 아닐까?

'부동산 책에서 무슨 이런 말을 하지?' 하는 생각이 들 수 있다. 하지만 월급쟁이가 정답인 줄 알았던 나는 부동산을 통해 나만의 인생을 만들어가고 있다. 부동산이 없었다면 물가보다 오르지 않는 월급을 보며 막막했을 것이다. 월급이 절대적이기에 직장생활에 더 전전긍긍했을 것이다. 어쩌면 오십이 넘어도 생활비나 교육비 때문에 추가 근무를 해야만 하는 삶을 살고 있을 것이다.

과연 20년 뒤 내 모습, 희망이 있을까?

절대 직장인을 비하하는 것이 아니다. 다만 삶에서 직장이 전부가 되면 안 된다는 말을 하고 싶었다. 특히나 인플레이션이 심해질 앞으로는 더욱 그럴 것이다.

나는 부자가 되는 방법을 찾고자 많은 책을 읽었다. 새로운 책을 읽을 때마다 의지가 불타오르기도 했고, 곧 부자가 될 것만 같았다. 그런데 사실 가장 중요한 것은 따로 있었다. 바로 책을 읽고 실행하는 것이었다. 고백하자면 나 역시 모든 책의 내용을 실행하지 못했다. 그래서 내가 책을 쓴다면 책을 읽는 독자가 바로 실행할 수 있는 지침서를 쓰겠다고 다짐했다. 초등학생도 이해할 수 있는 쉬운 부동산 가이드를 만들고 싶었다. 그 다짐을 이 책에 모두 담았다.

이 책은 재테크 초보자가, 투자 초보자가, 부자가 되기로 결심하고 부동산을 공부하며 겪은 시행착오를 정리한 책이다. 시작하는 사람에게는 크게 세 가지 특징이 있다.

· 종잣돈이 부족하다. 돈이 없어서 부동산은 당연히 안 될 거라 지레짐작한다.
· 부동산에 대해 무지하다. 어디서 시작해야 할지 막막하다.
· 부동산 공부를 하려고 해도 연애해야지, 술 마셔야지, 여행 가야지 온갖 유혹이 많다.

이 책은 이런 세 가지 특징을 극복하고 부자가 되기 위해 노력했던 나의 여정이다. 나의 이야기를 통해 이제 시작하는 여러분은 시행착오를 줄일 수 있을 것이며, 부동산에 관심 있는 사람에게 도움이 될 것이라 확신한다. 이 책을 읽고 단 한 명이라도 실행하고 그 실행으로 자기 명의의 부동산을 가지게 된다면, 더 나아가 스스로 만들어가는 삶을 살게 된다면 더 이상 바랄 것이 없을 것이다.

케이치

목차

1장
부동산 투자를 위한 마인드셋

2장
부동산 투자를 위해
가장 먼저 할 일

3장
임장의 모든 것

4장

실패하지 않는 투자법

5장

선배 월급쟁이 투자자가 겪은 시행착오

6장
투자 금액별 액션 플랜

부록
필수 부동산 앱 사용법

부동산 투자를 위한
마인드셋

이 순간에도
돈을 잃고 있다

아침 7시, 피곤한 눈을 비비며 일어난다. 대충 씻고 아침을 때운 후 사람들로 바글바글한 대중교통에 몸을 싣는다. 매일 9시부터 6시까지, 어떤 때는 야근까지. 한 달간 근무하고 월급을 받는다. 꾸준히 월급을 모으면 뭐라도 될 것이라는 희망을 품는다.

　이 책을 읽는 대부분이 월급쟁이일 것이다. 물론 연봉이 높은 대기업 직장인이라면 이야기가 다르겠지만, 자기가 느끼기에 풍족한 월급이 아니라면 지금부터 집중해서 이야기를 들어주길 바란다.

　다음 표는 실질임금상승률을 나타낸다. 실질임금상승률이란 쉽게 말해서 물가 대비 임금이 얼마나 올라갔는지를 나타내는 지표이다. 2024년을 기준으로 살펴보면, 상용근로자(임시, 일용직 근로자가 아닌 자)의 임금상승률은 2.8%이다. 이에 반해 물가상승률은 3.6%다. 전·

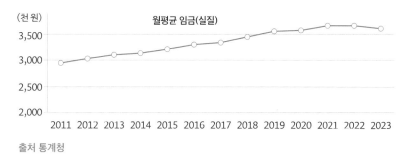

실질임금상승률

(천 원)　　　　　　월평균 임금(실질)

출처 통계청

월세 임대료 상승률은 포함되지도 않은 수치라서 실제 체감하는 물가 상승률은 훨씬 높을 것이다. 그렇다면 실질임금은 마이너스가 됐다는 뜻이다. 이는 무엇을 의미할까?

임금이 올랐어도 내 주머니 사정은 더 가난해졌다는 뜻이다. 그것은 세상이 불공평해서가 아니라 우리가 사는 사회가 자본주의 사회이기 때문이다. 자본주의는 신용으로 돌아가는 사회이다.

예를 들어 우리가 돈이 필요할 때 은행에서 대출받는다고 가정해 보자. 은행에서 10억을 대출받았다고 치자. 은행은 10억을 쟁여 두었다가 대출해 주는 것일까? 장담하건대 아닐 것이다.

지급준비제도란, 은행이 전체 예금액 중 일정 비율 이상 중앙은행에 예치해 두어야 하는 제도를 의미한다. 전체 예금액 대비 지급준비금의 비율을 지급준비율이라고 하며, 대한민국의 경우 법정 지급준비율은 7%이다.

지급준비율이라고 해서 '은행은 예금액 중 이 정도 금액을 가지고

시장에 돈이 늘어나는 과정

가지고 있는 돈 : 10억
찍혀 있는 돈 : 100억

가지고 있는 돈 : 90억
찍혀 있는 돈 : 90억

있어야 한다'는 비율이 있다. 은행마다 다르겠지만 A 은행의 지급준비율이 10%라고 하면, A 은행에 100억의 예금이 있다고 하더라도 실제 은행이 가지고 있는 돈은 단 10억이다. 즉 나머지 90억은 사람들에게 대출하여 이자를 받는 것이다.

그런데 뭔가 이상하다. 100억을 예금한 사람들의 통장에는 100억이 그대로 찍혀 있는데도 시중에는 90억이라는 돈이 더 생겼다. 100억이라는 돈이 갑자기 190억으로 늘어난 것이다. 은행과 사람 간의 신용으로 90억이라는 돈이 더 생긴 것이다.

A 은행이 있는 B 나라에는 원래 집이 100채, 돈 100억이 있었다고 하면 집 한 채가 1억과 교환된다. 그런데 이렇게 돈이 190억이 되면 집 한 채는 1.9억과 교환이 된다. 결과적으로 1억이 있던 사람은 그때는 집을 살 수 있었으나 지금은 살 수 없게 된 것이다.

하지만 대부분은 이를 인지하지 못한다. 왜냐하면 매달 내 통장에 돈이 들어오고 연차가 차거나 승진을 하면 돈이 늘어나기 때문이다. 결론은 월급만 믿고 있다면 점점 가난해진다는 것이다. 앞으로 그 현상은 더 가속화될 것이다. 그래서 반드시 부동산이 아니더라도 뭐가

시중 통화량

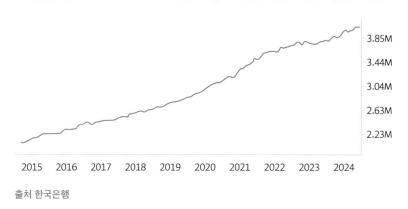

2015 2016 2017 2018 2019 2020 2021 2022 2023 2024

3.85M
3.44M
3.04M
2.63M
2.23M

출처 한국은행

되었든 추가적인 일을 해야만 한다.

02

부동산에 관심 가져야 하는 이유

아마도 대부분은 월급을 받아 생활하는 월급생활자일 것이다. 하지만 요즘에는 돈을 벌 수 있는 다양한 방법이 있다. 그중에서 내가 처음 선택한 것은 부동산이었다. 왜냐하면 부동산이, 월급쟁이가 하기에 알맞은 투자 방법이라 생각했기 때문이다.

엄청난 노력이 필요하지 않다

월급쟁이 생활이라는 것이 생각보다 쉽지 않다. 매일 9시간 근무(점심시간 포함)를 해야 하고, 가끔 야근도 한다. 그래서 퇴근하고 나면 보상심리로 집에 가서 쉬어야지, 친구 만나야지, 주말에는 늦잠도 자고 체력 보충도 해야 한다. 개인적인 시간을 내기가 생각처럼 쉽지 않다. 한두 권이라도 자기 계발서를 읽어 본 사람이라면 이런 말을 들어

보았을 것이다.

"하지 말아야 할 일을 줄임으로써 시간을 만들어라."

하지만 주변을 둘러보니 알긴 아는데 실천하는 사람이 별로 없었다. 그래서 나는 직장 외 모든 시간을 쏟으라는 말은 하지 않을 것이다. 단지 하루 1시간 그리고 주말 약 3시간 정도라도 시간을 내길 바랄 뿐이다.

앞에서 나는 '부동산에 내 모든 노력을 쏟겠다'라며 다짐했다고 밝혔다. 지금 생각하면 무슨 오기가 발동했는지 모르겠지만, 당시 계획은 이랬다.

	평일
출근 전(오전 6시~ 오전 9시)	경제 뉴스 읽기, 블로그 작성하기
근무 중 틈나는 시간	부동산 중개소 전화하기 or 블로그 글 보기 점심시간 독서하기
퇴근 후(오후 6시~ 오후 9시)	도서관가기 or 카페가기

	주말
오전 10시 전 외출	임장가기, 평일에 밀린 글 작성하기, 운동하기

그 덕에 한 주에만 약 50시간 이상을 부동산에 투자했다. 부동산을 제외하곤 연애, 여행, SNS, 친구까지 모든 것을 포기하고, 평일 최소 3시간, 주말은 모든 시간을 부동산 자료 분석과 임장에 할애했다. 퇴근하고는 도서관, 카페로 향했으며, 주말에는 아침 8시 전에 집을 나와 종일 임장 지역을 떠돌았다. 임장을 하고 집에 돌아오는 대중교통에서 외로움과 서러움에 가끔 울적해지기도 했다.

"친구들은 맛집도 가고, 여행도 가고 하는데 난 뭐 하고 있는 걸까…"

"이렇게 한다고 돈을 많이 벌 수 있긴 할까?"

나도 사람인지라 계속 남과 비교하게 되었고 그냥 쉬고 싶었다. 이런 나의 이야기를 밝힌 이유는, 부동산은 내가 했던 만큼의 노력이 필요 없다고 말하고 싶어서다.

2021년 부동산 시장은 잊지 못할 한 해였다. 뭘 사도 다 오르는 시기였기 때문이다.

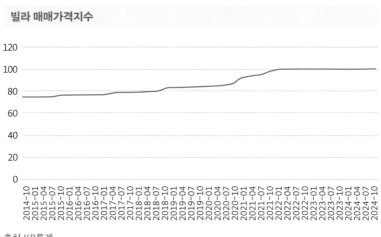

빌라 매매가격지수

출처 KB통계

사면 손해라고 생각하는 빌라도 2020년 하반기부터 급격하게 가격이 상승했다. 많이 노력하지 않아도 시기만 잘 탄다면 누구나 적게는 몇천, 많게는 몇억까지 벌 수가 있었다.

좀 더 이전 이야기를 해 보면, 부동산에 관심이 없더라도 분당이라는 지역을 모르는 사람은 아마 없을 것이다. 그런 분당이 2016년에는

분당도 3천만 원으로 살 수 있던 시기

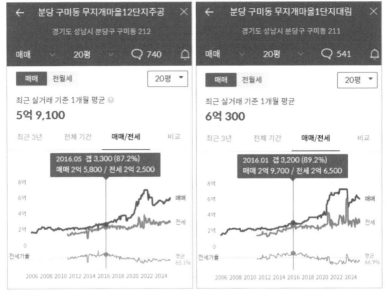

출처 호갱노노

3천만 원에 살 수 있었다고 하면 믿어지는가?

여기에 더해 당시는 지금과 달리 여러 채의 집을 사도 규제가 없는 시기였다. 만약 1억을 가지고 있는 사람이 3천만 원으로 분당에 집을 3채만 샀어도 어떻게 됐을까? 단 9천만 원으로 지금 9억의 자산가가 되어 있을 것이다.

물론 이런 시기가 언제 다시 올지, 어쩌면 영원히 오지 않을 수도 있다. 다만 2020년 정도의 상승장은 아니더라도 부동산 시장의 상승과 하락은 반복될 것이며, 그 속에서 기회는 계속 올 것이다. 부동산은 사람이 하는 것이고 사람은 심리에 의해 움직이기 때문이다.

당시 부동산을 공부했던 커뮤니티가 있었는데, 거기서는 처음에 몰입의 시간을 거쳐야 한다고 강조했다. 대표적인 예로 일주일에 부동산 공부 30시간 이상 하기, 임장 정리하는 보고서 100페이지 이상 쓰기, 임장 가서 3만 보 이상 걷기 등이다. 사람들은 뭐에 홀렸는지 그런 커뮤니티의 룰을 따랐고, 어느 순간 돈보다는 '갓생살기'에 더 몰입하는 모습도 보았다.

나도 그런 사람 중 한 명이었다. 물론 그 시간이 의미 없지는 않았지만, 부동산으로 돈을 버는데 필수 요소는 아니라는 것을 지금은 알게 되었다. 처음에 너무 에너지를 쏟으면 금방 지친다. 그래서 노력으로 1등이 되기보단 꾸준함으로 1등이 되기를 목표로 하자.

매일 신경 쓸 필요가 없다

한때 '단군 이래 돈 벌기 가장 쉬운 시대'라는 말이 있었다. 2021년도쯤부터 유행하던 말인데, 돈을 벌 수 있는 경로가 다양해졌다는 의미이다. 주식뿐만 아니라 코인도 투자의 한 방법이 되었다. 스마트 스토어 같은 온라인 쇼핑몰 사업뿐만 아니라 강의 판매, 전자책 판매 등 초기 투자금이 없더라도 자기 콘텐츠만 있으면 돈을 벌 방법이 있었다(물론 지금도 가능하다).

하지만 이들 방법에도 맹점이 있는데, 바로 매일 신경을 써야 한다는 점이다. 주식은 주말을 제외하고 매일 장이 열리고 쉽게 팔 수 있다 보니 자주 신경을 쓰게 된다. 코인은 365일 24시간 장이 열리고 등락폭이 매우 커서 어떤 사람들은 일상생활이 어려운 수준에 이른다. 온라인 쇼핑몰은 매일 주문과 발송, 문의를 처리해야 하고, 강의나 전자책도 매일 강의 준비를 하거나 원고 집필을 해야 한다.

하지만 부동산은 다르다. 우선 실거주를 위해 집을 마련한 경우를 먼저 살펴보자. 매년 발표하는 주거 실태 조사에 따르면, 보통 우리나라 사람들은 '내 집'을 마련하면 최소 7년은 거주한다고 한다.

주택 거주기간

연도	주택 거주기간
2016년	7.7년
2017년	8년
2018년	7.7년
2019년	7.7년
2020년	7.6년
2021년	7.5년
2022년	7.9년

출처 통계청

전세를 끼고 투자한 경우라고 해도 최소 2년, 길게는 4년까지 가지고 가야 한다. 전세 계약 기간이 2년, 연장하면 4년이기 때문이다. 그 기간에 간간이 세입자로부터 수리나 계약 기간 연장에 대한 연락이 오긴 하나 거의 신경 쓸 일이 없다. 그래서 잦은 야근과 약속이 있는 직장인에게 맞는 투자라고 생각한다.

레버리지를 활용할 수 있다

대한민국은 자본주의 사회이다. 자본주의 사회에서는 여러 필수적인 역량이 있는데 그중 하나가 바로 레버리지이다. 사전적 의미로 레버리지란 타인의 자본을 지렛대처럼 이용하여 자기 자본의 이익률을 높이는 것이다. '대출'이 대표적이다. 5억짜리 집을 매매하려고 할 때 대출을 생각하지 않는다면 내 돈은 5억이 필요하다. 하지만 3억을 대출받으면 내 돈은 2억만 필요하다.

하지만 대출은 아무에게나 빌려 주지는 않는다. 그 사람이 매달 안정적인 수익이 있어서 대출 이자를 갚을 수 있는지, 다른 대출로 파산할 위험성은 없는지 등 여러 부분을 꼼꼼히 따지고 대출해 준다.

월급쟁이는 매달 일정한 수입이 들어오기 때문에 대출받는 부분에서 장점이 있다. 특히 대기업 직원이나 공무원이라면 직업이 없는 사람이나 자영업자보다 훨씬 쉽게 대출받을 수 있다.

· 레버리지를 사용하지 않고 2억 집을 산 경우
· 레버리지를 활용해 5억 집을 산 경우

두 경우 모두 10% 정도의 집값이 올랐을 때, 첫 번째는 2천만 원 수익, 두 번째는 5천만 원의 수익이 난다. 레버리지를 활용하니 같은 수익률이라도 3천만 원이라는 수익이 더 나는 것이다. 여기에 더해 통상적으로 비싼 부동산이 가격 상승이 더 잘 일어날 확률이 높다.

03

부동산, 좀 더 지켜보겠다고?

나는 부동산 임장 모임, 부동산 상담 등을 진행하고 있다. 특히 임장은 아무 준비 없이 그냥 나가면 비효율적이다. 그래서 내가 먼저 그 지역을 분석해서 알려 주거나 참여자에게 지역을 분석하는 방법을 알려준 뒤 직접 분석을 하게끔 하는데, 가끔 이런 말을 하는 사람이 있다.

"제가 아직 아무것도 몰라서… 일단 어느 정도 좀 준비가 되면 참여할게요."

그런데 이런 말을 하는 사람 중에 나중에 다시 신청하는 사람을 한 번도 보지 못했다. 한 번이라도 연애를 해 본 사람이라면 알 것이다. "제가 아직 연애할 준비가 안 돼서요. 죄송해요"라고 한다면 이 말은 그냥 당신이 마음에 안 든다는 것이다.

이번 부동산 ▇▇ 임장 모임에 처음 참여하려 했으나, 부동산 관련 지식이 부족해 아직 준비가 되지 않았다고 생각해 이번 모임에는 아쉽게도 불참하게 되었습니다. 기초부터 알고나서 이후 더 준비된 모습으로 참여할 수 있도록 하겠습니다. 😶!

오후 5:20

위의 말도 결국은 '처음에는 부동산 투자를 해 보려 했는데 지금은 그런 생각이 없어졌어요'라는 것과 같은 말이다. 결국 다시 평범한 월급쟁이의 생활을 하게 될 것이다.

마찬가지로 부동산 투자를 하면서 한 가지 느낀 것이 있는데, 부동산은 준비해서 사는 것이 아니라는 것이다. 준비하고 사겠다는 사람에게 묻고 싶다. 대체 그 준비는 어느 정도가 되어야 하는가? 정말 그 준비가 되면 진짜 바로 부동산을 살 수 있는가? 나 역시 첫 투자를 하기까지 1년이 넘는 시간이 걸렸다.

2019년 겨울, 대학교 친구와 오랜만에 연락이 닿았다.

"부동산 경매 스터디 다니고 있는데 같이 나가 볼래?"

사실 난 그전까지 부동산 중개소도 한 번 가 본 적이 없었다. 평생 부모님과 같이 살아오다 보니 직접 부동산을 방문할 필요가 없었다. '부동산'이라고 하면 연배가 있거나 연륜이 있는 사람들이 하는 투자처럼 느끼면서 스스로 해야겠다는 생각은 한 번도 해 본 적이 없었다. 그렇게 부동산에 대한 관심보단 새로운 사람이나 만날 겸 나가게 되었는데, 그 경험이 나를 완전히 바꾸어 놓았다.

막상 스터디에 참석해 보니 나와 비슷한 나이로 보이는 사람이 '경매로 몇십억을 벌었다'고 하거나 'GTX가 개통되면 무조건 어디가 오른다', '권리분석은 이렇게 하면 된다' 등 생소한 단어와 익숙하지 않은 대화를 들으면서 대단한 사람이 많다고 생각했다. 그냥 직장인으로 머물렀다면 절대 알지 못했을 것이다.

그렇게 조금씩 재테크, 부동산, 자본주의에 관해 관심을 가지게 되었다. 많은 투자 방법 중에 대한민국에서는 부동산으로 부자가 된 사람이 상대적으로 많다는 생각에 부동산을 집중적으로 공부하기 시작했다.

솔직히 잘 모르는 분야에 힘들게 모은 돈을 투자하는 것이 쉽지는 않았다. 돌이켜 보니 첫 투자를 실행할 수 있었던 가장 큰 이유는, 투자를 위한 준비를 열심히 했기 때문이었다. 당시의 목표는 해를 넘기기 전에 반드시 투자 한 건 이상은 하겠다는 것이었다. 결과가 어떻게 되든 상관없이 말이다.

그래서 매주 2회 이상 임장을 갔고 시간을 쪼개 독서를 하였으며 매달 새로운 강의를 수강했다. 꾸준히 임장을 다녀보니 '이 정도 물건은 사도 되겠다'라는 감이 생기기 시작했다. 그 과정에서 괜찮은 물건들이 보이기 시작했고, 결국 그 매물 중 한 가지를 선택해서 매수하게 되었다.

준비되면 부동산 투자를 시작하겠다는 생각보단 언제든지 마음에 들거나 괜찮은 물건이 생기면 바로 투자하겠다는 마음을 가지는 것이 좋다. 비록 그동안에 부동산을 사지 못하더라도 말이다. 당장 살 마음이 있다면 임장이라도 한 번 더 나가볼 것이고, 매일 매물을 검색하게 될 것이다.

이런 준비 과정에서 괜찮은 물건이 나오면 검토하고 판단하여 투자하는 것이다. 특히 자금이 넉넉하지 않은 사회초년생이나 월급쟁이에게 꾸준한 노력과 안목은 매우 중요하다. 최선의 선택을 하기 위해서는 최소한의 꾸준한 노력이 필요하다.

가끔 주변에 보면 이런 말을 하는 사람이 있다.

"일단 상황 좀 보고 사려고…"

주변에도 2022년쯤 이런 이야기를 하는 직장 선배들이 있었다. 그 선배들은 지금 어떻게 살고 있을까? 그들은 여전히 내 집이 아닌 전세집에서 살고 있다. 지금 전세집에 사는 것이 잘못됐다고 이야기하려는 것이 아니라, 부동산은 준비되면 투자하는 것이 아니라는 말이다.

좀 더 지켜본다는 사람들 대부분은 약간의 부동산 뉴스 기사, 주변 이야기 등에 의존하며 머뭇거리기만 한다. 하지만 부동산 뉴스만으로 분위기를 파악한다는 것은 항상 다른 사람의 뒤꽁무니만 따라다니는 것이 된다. 모든 데이터는 시장에서 후행하는 것이기 때문이다.

부동산은 계약, 중도금, 잔금 순으로 계약을 진행한다. 잔금까지 다 내야 해당 부동산의 명의가 내 명의가 되는 것이다. 잔금 전에 계약하면 부동산에서는 계약한 날로부터 30일 이내 실거래가 신고를 해야 한다. 실거래가를 신고하면 네이버페이 부동산에 실거래가가 등록된다.

A라는 단지의 시세는 약 10억이다. 그런데 급매로 9억에 매도 계약을 했다고 가정해 보자. 만약 A 단지 주민이라면 10억 하던 집이 9억에 실거래가 등록이 된다고 하면 절대 좋지 않을 것이다. 그래서 부동

네이버 실거래가

| 단지정보 | 시세/실거래가 | 동호수/공시가격 | 학군정보 | 사진 | ↻ 평 |

83㎡ **104㎡** 137㎡

매매 전세 월세   − 5년 +

■ 시세 ● 실거래가 ■ 현재 매물가격   2025.04.14. 한국부동산원 기준 / 2025.04. 국토교통부 기준

15.1억

11.8억

8.6억
20.04   21.04   22.05   23.05   24.06   매물가격

산에서는 집주인들의 표적이 되지 않기 위해 최대한 늦게 30일을 채워서 실거래가 등록을 하는 경우가 많다. 결국 실거래가를 통해서도 30일 동안의 부동산 분위기를 파악하기는 힘들다는 말이다.

　뉴스만 하더라도 기자가 취재하고 편집하는 일련의 과정이 필요하다. 여기에 더해 뉴스란 언론사, 기자마다의 생각, 성향 등이 들어갈 수밖에 없다. 부동산 분위기가 좋아졌다는 뉴스를 접하고 현장에 가 보면 이미 괜찮은 매물은 없는 경우가 대부분이다. 그나마 매물을 발견하고 산다고 해도 집주인이 팔지 않는다고 할 것이다. 집 없는 '나'도 아는 내용을 집을 가지고 있는 '집주인'이 모를 리 없지 않은가?

　그러면 앞으로 부동산 시장은 어떻게 될까? 미래는 누구도 알 수 없다. 다만 한 번쯤 생각해 보는 것과 생각지도 않는 것은 큰 차이가 있기에 미래의 부동산 시장을 같이 생각해 보자.

뉴스에서는 '이번 하락은 금리 때문이다', '앞으로는 인구가 줄어들 것이기에 부동산으로 돈 버는 것은 끝났다'라는 등 다양한 소식을 전한다. 2023년 부동산 시장의 하락은 급격한 금리 인상의 영향이 컸다. 하지만 부동산에 가장 큰 영향을 주는 것은 세 가지이다. 바로 수요, 공급, 유동성이다.

수요

2024년 하반기 부동산 시장은 수요가 얼어붙었다. 2024년 부동산 시장은 실수요자가 주도한 시장으로, 투자자는 취득세가 너무 높아 주택을 사기 어려웠기 때문이다. 그래서 많은 투자자는 상가나 모텔, 분양권, 공유숙박업 등에 투자하고 있다. 또한 정부가 대출을 규제하면서 대출받아야 하는 실수요자는 집을 살 수 없게 되었다. 특히 대출에 영향을 많이 받는 저가 시장(9억 이하 등)이 직격탄을 맞았다. 이들은 가진 자본에 대출을 더해야만 집을 살 수 있기 때문이다. 반면 서초구, 강남구 등 30억 이상 시장은 신고가를 찍고 있다. 애초에 자본이 풍부한 사람은 대출에 영향을 덜 받기 때문이다.

공급

공급이란 시장에 새로 공급되는 아파트를 말한다. 우리가 알고 있는 청약물량으로, 청약물량은 곧 입주물량으로 볼 수 있는데 서울과 수도권은 점점 이 공급이 줄어들게 된다. 특히 수요가 가장 많은 서울

수도권 입주물량

서울 입주물량

출처 아실

의 공급이 줄어들 예정이다.

정부도 이러한 사실을 모르지 않아서 신규 주택 부지 선언, 3기 신도시 등 다양한 안을 내놓고 있지만, 이는 대책인 경우가 대부분이다. 해당 주택을 짓기 위해서는 땅이 필요하다. 개인이 가지고 있는 땅을 국가의 필요로 매매하는 것을 '토지보상'이라고 한다.

하지만 대책에 포함된 지역 대부분은 아직 토지보상도 이루어지지 않은 상황이다. 그나마 인천에 공급물량이 있지만 이마저도 줄어들 예정이다. 지방에도 공급이 늘어나는 지역보다는 줄어드는 지역이 많아지고 있다.

"입주물량만 가지고 공급을 판단하기에 좀 부족하지 않나요? 시장에 나와 있는 기존 아파트 매물들도 공급 아닌가요?"

혹시 이런 궁금증을 가질 사람도 있을 것이다. 재고물량(기존 아파트 매물)과 입주물량은 차이가 있다. 입주물량은 시장에 새로운 물량이 추가되는 것이다. 반면 어떤 지역에 A 매물이 나왔다고 한다면 A 매물에 살던 집주인이나 세입자는 다른 지역의 매물을 선택할 수밖에 없다. 물론 공실이었던 매물이 나온다면 새로운 매물이라고 볼 수도 있다.

그래서 추가로 시장의 공급을 알 수 있는 지표로 '전세'를 확인한다. 또한 앞으로 부동산 시장의 키는 전세가 될 것이라 생각한다. 왜냐하면 매매는 여러 가지 요소 특히 사람의 심리 등에 영향을 받지만, 전세는 물가 상승과 입주물량의 영향을 받기 때문이다. 사실 2008년 전세자금 대출이라는 것이 생기면서 전세 또한 대출이나 금리에 영향을

서울의 매매, 전세가격지수

출처 아실

받기 시작했다. 하지만 이로 인한 거품도 2023년 전세가가 엄청나게 빠지면서 거의 없어진 상태가 되었다.

그 이후로의 전세 상승은 '물가 상승 + 입주물량'에 의한 상승으로 볼 수 있다. 그래서 해당 지역에 입주물량이 적고 전세가 올라가고 있다면 해당 지역의 공급은 적다고 판단할 수 있다.

유동성

유동성이란 시중에 돈이 많이 풀려서 돈의 가치가 떨어지는 것을 의미한다. 처음에 설명했던 인플레이션과 비슷한 개념이다. 그렇다면 현재 돈의 가치는 어떨까? 당연히 돈의 가치는 떨어지고 있다. 다음의 분양가를 한번 살펴보자.

출처 호갱노노

최근 안양에 분양한 아크로베스티뉴이다. 30평형대 분양가가 15.7억에 나왔다. 위치를 보면 범계역 역세권으로 앞으로 이쪽 지역의 대장아파트가 될 단지이다. 다만 지금의 가격을 들었을 때는 누가 봐도 비싸다는 것을 부인하기는 힘들다.

출처 호갱노노

작년 9월쯤에 분양해서 고분양가로 논란이 됐던 북수원디에트르이다. 위 사진을 보면 분양가가 14억대로 나와 있는데 이는 일부 세대만 그런 것이고, 전체적으로 약 11억 선으로 보면 된다. 안양뿐만 아니라 수원에서도 선호되는 입지라 보기 어려운 북수원의 신축아파트도 이제 11억 선에 나오고 있다. 예전에 이 정도 가격이면 서울 신축아파트도 들어갈 수 있었는데, 유동성이 늘어나며 인플레이션이 되니 이제는 웬만한 경기 신축아파트도 들어가기 힘들어진 것이다.

종합적으로 봤을 때 공급이 줄고, 전세가 상승하며 유동성이 늘어나는 현 시장에서 수요만 살아난다면 부동산 시장은 다시 활기를 띨 것으로 예상해 볼 수 있다.

그렇다면 정부가 지금 대출을 규제하는 이유는 무엇일까? 미국 금리 인하가 예상되는 시점에서 선제적으로 대출을 규제한 것으로 볼 수 있다. 왜냐하면 대출 규제 이전에도 상위 지역은 신고가를 찍고 있었고 이런 흐름이 하위 지역으로 번지는 상황이었기 때문이다.

하지만 통상적으로 연초에는 대출이 풀리는 경향이 있고, 역사적으로 보았을 때 대출로 시장을 규제하는 것에는 한계가 있었다. 그렇기에 2025년은 시장이 조금씩 반등할 것으로 생각한다. 그래서 더욱더 2025년부터는 마냥 기다리기만 하면 안 되는 시기가 될 것이다.

이제 시작하는
사람들에게

2019년부터 부동산을 공부하면서 수많은 시행착오를 겪었다. 그 중 잘했던 부분도 있었으나 아쉬웠던 부분도 있었다. 내가 겪었던 시행착오를 발판 삼아 이제 시작하려는 사람의 시간과 노력을 아낄 수 있기를 바란다.

유튜브로 부동산 공부하면 된다?

부동산을 시작하려고 한다면 어디서부터 해야 할지 막막할 것이다. 그럴 때 가장 쉽게 접할 수 있는 것이 바로 유튜브이다. 수많은 부동산 채널이 있고, 요즘은 따로 공부하지 않아도 투자 추천 지역이나 단지까지 알려 준다.

"유튜브 보고 그냥 부동산 하면 되네."

이렇게 생각하는 사람이 요즘 많은 것 같다. 사실 나도 처음에 그런 줄 알았다. 그런데 실제로 유튜브, 인스타, 블로그 등 정보를 제공하는 자의 입장이 되어 보니 그 안에 있는 몇 가지 비밀을 알게 되었다.

첫째, 제공할 수 있는 정말 유용한 정보도 분명 있다. 하지만 민감한 부분이나 돈을 벌어야 하는 부분은 알려 주기 어렵다는 점이다. 유튜브, 인스타 등은 절대다수가 보는 플랫폼이다. 누군지 모르는 사람들도 보는 곳인데, 민감한 주제를 올리게 되면 제재가 가해질 수도 있고 엄청난 비판을 들을 수 있다.

그리고 정말 부동산으로 돈을 버는 투자자라면 본인이 돈을 벌 수 있는 것까지 알려 줄 리가 없다. 사실 나도 최근 관심 있는 매물이나 투자 방법을 직접 공유하지는 않는다. 스스로 얼마나 하는지가 중요하겠지만 무료로 제공되는 정보만을 믿고 투자한다면 과연 수익을 볼 수 있을지는 미지수다.

둘째, 유용하기보단 자극적인 정보를 보여 주는 경우가 많다. 자극적인 정보는 민감한 부분과는 조금 다른 의미이다. 지금 사람들이 관심 있는 주제를 찾고 좀 더 자극적으로 만든다는 것이다. 그래야 사람들의 클릭(선택)을 받을 수 있고 더 많은 사람에게 나를 알릴 수 있는 수단이 된다.

특히 상승, 하락 관련 유튜브는 되도록 보지 않는 것이 낫다. 연말이나 연초에 가장 많은 사람의 관심사는 '내년, 올해 집값이 오를까'이다. 그래서 유튜버나 정보를 제공하는 사람들은 이와 관련된 콘텐츠를 만들 수밖에 없고, 그 전망이 맞든 틀리든 콘텐츠 제공자에게는 별로 상관이 없다. 본인의 콘텐츠를 널리 퍼뜨리고 유명해지기만 하면 되기 때문이다. 그로 인한 선택에 따른 책임은 오직 소비자만이 진다.

그렇다면 유튜브를 어떻게 활용하면 좋을까?

첫째, 유튜브는 나의 의사 선택에 참고만 한다. 절대 유튜브에서 말하는 대로 매수하지 않는다. 아무리 유튜브에서 추천하더라도 해당 지역, 단지에 대한 내 생각이 어떤지, 지금 내 상황에서 최선의 선택인지, 지금 내가 사도 감당할 수 있는 수준인지 등을 스스로 따져 봐야 한다.

둘째, 자투리 시간에 활용한다. 나는 이동할 때 오디오 대용으로 듣거나 밥 먹을 때 유튜브를 본다. 그리고 그 속에서 콘텐츠 아이디어를 얻거나 투자 방향성을 점검한다. 물론 앞에서 말했던 것처럼 최종 판단은 스스로 내린다. 그래야 나중에 잘못되더라도 후회가 남지 않기 때문이다.

부동산은 한 분야만 파면 된다?

우리나라에서 주요 부동산 상품은 '아파트'라는 것을 부정할 사람은 없을 것이다. 그만큼 우리나라 사람들은 아파트에 관심이 많다. 아파트 투자에서 가장 먼저 생각나는 것이 대출받아서 사는 것이고, 두 번째가 갭투자이다. 혹시 갭투자에 대해 잘 모르는 사람이 있다면, 일단 '전세를 주고 집을 사는 것이다' 정도로 알고 지나가길 바란다. 이 책의 후반부에서 자세하게 설명하겠다.

나도 처음 배운 분야가 갭투자였다. 당시 공부하던 커뮤니티에는 대부분 이런 글들이 올라왔다.

· 갭투자만으로 순자산 20억 달성했습니다

· 이 방식(갭투자)만으로도 충분히 부자가 될 수 있습니다

· 부동산 경매는 비효율적입니다

계속 올라오는 '○○억 달성기' 과연 사실일까?

10315131	3년 전 10억 달성했던 워킹맘 근황 😊 [83]		2023.12.01.	6,183	103
10264698	40대 중반 노후준비를 마치고 은퇴 했습니다. [302]		2023.11.20.	1.2만	444
7118782	월급쟁이 부부 은퇴했습니다 😊 [2231]		2022.11.02.	3.9만	1178
6566793	벼락거지에서 순자산10억 달성 (feat. 자산보다 소중한 성장) [1527]		2022.09.18.	2.7만	770
5396370	10억 달성기 : 전 재산 -2억이라는 어둠의 터널 끝에서 다시 만난 빛 ⊘ [1511]		2022.06.08.	2.4만	874
5363551	월급 80% 저축, 외벌이 아들둘 맘의 10억 달성기 ▬▬▬ [1359]		2022.06.06.	2.7만	969
5188764	퇴직했습니다. 😊 👍 [2052]		2022.05.23.	3.9만	1597
4936825	10억 달성기 - 완벽한 상황은 없습니다. 😊 [1059]		2022.04.27.	1.7만	697

부동산이 처음이던 나는 그 말을 곧이곧대로 믿었고 커뮤니티에서
시키는 것을 충실히 따랐다. 주 3회 임장을 갔고, 최소 2만 보에서 5만

하루에만 5만 보를 넘게 임장하였다

보까지 지역 임장을 돌았다. 임장 보고서는 반드시 100페이지를, 부동산 매물은 한 달에 최소 50개는 보았다.

하지만 이제는 어떤 분야에 관심을 두고 공부하더라도 한 분야에만 매몰되지 않는 것이 더 낫다는 것을 알게 되었다. 부동산 시장은 사람이 하는 것이기에 유동적으로 돌아간다. 어떤 시기에는 갭투자가 좋은 투자 방법일 수 있고, 어떤 시기에는 좋지 않은 방법이 되기도 한다. 그만큼 꾸준한 관심으로 지금 시기에는 어떤 방법으로 투자해야 하는지를 선택할 수 있는 안목의 중요성을 이제 알게 되었다.

부동산도 현장 방문 없이 인터넷으로 다 된다?

"요즘 인터넷 로드뷰도 있고, 단지 설명도 인터넷에 다 나와 있어서 임장(현장 방문) 안 가도 돼."

혹시 이렇게 생각하는가? 그럼 한번 물어보겠다. 이런 생각으로 현장 방문 없이 부동산을 매수한 적이 있는가? 아마 대부분은 그냥 검색 몇 번 하다가 관심을 끊었을 것이다.

현장을 방문해야 알 수 있는 것들이 있다

무조건 임장을 가야 한다는 말을 하려는 것은 아니다. 임장을 가지 않아도 되는 부동산 투자도 분명 존재한다. 다만 내 집 마련을 원하거나 여러 채를 가진 다주택자가 되지 않을 거라면, 임장은 꼭 필요하다. 상식적으로 생각해 봐도 내가 살게 될 몇억짜리 집을 한 번도 안 가 보고 사는 것은 말도 안 되는 일이다.

· 밤에는 단지 주변이 어두워서 위험하지 않은가?
· 단지 관리 상태와 분리수거장 관리는 어떤가?
· 단지 주변의 생활 환경은 어떤가?
· 단지 경사가 생각보다 가파르지는 않은가? 등

아무리 인터넷이 발달해도 알 수 없는 것들이 있다. 현장에 답이 있다. 현장에 가서 무엇이 되었든 간에 확인해야 한다. 부동산은 온라인 쇼핑몰에서 고르는 상품이 아니다.

부동산 Plus

- 자본주의 사회에선 실질임금보다 자산 가격이 더 빨리 오른다. 월급 만으로는 점점 가난해질 수밖에 없는 구조다.
- 부동산은 직장인이 하기에 적합한 투자 수단이다. 매일 신경 쓸 필요 없고, 대출이라는 레버리지도 활용할 수 있다.
- 공부와 준비보다 중요한 건 '마음가짐'이다. 준비되면 하겠다는 생각 은 결국 실행을 미룰 뿐이다.
- 부동산 시장은 수요·공급·유동성에 따라 움직이며, 실거래가나 뉴스 는 후행 지표일 뿐이다.
- 유튜브나 커뮤니티의 정보는 참고만 하고, 결국은 직접 임장을 통해 스스로 판단하고 행동해야 한다.

부동산
체크리스트

□ 부동산 투자의 목적(내 집 마련, 자산 증식 등)을 정했다.

□ '월급쟁이도 투자할 수 있다'는 믿음을 가졌다.

□ 부동산 투자가 부자의 테크트리 핵심임을 인식했다.

□ '남들이 시작했을 때가 아니라 내가 준비됐을 때가 적기'라는 것을 알았다.

2장

부동산 투자를 위해
가장 먼저 할 일

돈이 부족하다는
당신을 위한 투자금 마련법

사회생활을 시작한 지 얼마 되지 않았거나 이제야 부동산에 관심을 가졌다면 대부분 모은 돈이 몇천 정도밖에 되지 않을 것이다(몇천도 안 된다면 크게 반성하길 바란다). 이번에는 생각보다 심각한(?) 자금 사정에 대해 이야기해 보려고 한다. 투자는 일단 자본이 있어야 한다. 좀 더 빠르게 투자금을 모을 수 있는 방법에는 무엇이 있을까?

통장 쪼개기

재테크에 관심 있는 사람이라면 '통장 쪼개기'라는 것을 한 번쯤 들어봤을 것이다. 생활비, 비상금, 저축, 월급 등 용도에 따라 통장을 쪼개라는 것인데, 별것이 아닌 것 같아도 종잣돈을 만드는데 가장 첫걸음이 된다.

카테고리별 통장 쪼개기 항목

통장을 쪼개지 않고 하나의 통장으로만 사용한다면 사용할 수 있는 금액의 상한선이 높아진다. 예를 들어 월급이 300만 원이고 월급 통장이 일반적인 생활비 통장이라면 쓸 수 있는 금액의 상한선은 300만 원이다.

하지만 월급날 자동으로 생활비 통장에 30만 원만 보내고 생활비 통장을 따로 쓴다면, 쓸 수 있는 금액의 상한선은 30만 원이 된다. 이 작은 차이가 씀씀이를 통제해 준다. 쉬운 예로 신용카드와 체크카드의 차이 정도로 볼 수 있겠다. 또한 통장 쪼개기는 이후에 나올 '소비 전에 투자하는 것'과도 연결된다.

지출 내역 분석하기

한창 투자금을 모을 당시 '(100-나이)% = 저축 or 투자 비율'로 잡았다. 가령 현재 30세라면 한 달 버는 돈의 70%는 저축이나 투자금으로 모으는 것이다. 아마 말도 안 되는 소리라는 반응이 대부분일 것이다.

하지만 반대로 묻고 싶다.

"월급이 많지 않고 저축도 하기 싫다면 대체 어떻게 투자금을 모을 것인가?"

이제 긍정 회로는 그만 돌리고 현실을 인지해야 할 때다. 한 달간 지출 비용 내역을 파악해 보자. 그리고 한번 곰곰이 분석해 보자.

· 지인들에게 한턱낸 외식비
· 넷플릭스 등 구독료
· 과도하게 사용한 옷값
· 늦어서 타고 다닌 택시비 등

들여다보면 줄일 수 있는 항목들이 분명 있을 것이다. 개인적으로는 지출분석표를 따로 만들지는 않고 가계부 앱을 활용하고 있다. 요

예산 관리 및 지출 관리를 해 주는 가계부 앱

즘은 다양한 가계부 앱이 있으니 자기에게 맞는 앱을 선택하고 사용해 보길 바란다.

항목별 예산을 설정할 수 있고 개인 계좌를 한 번만 연동해 놓으면 자동으로 지출이 입력된다. 휴대폰으로 틈틈이 지출 내역 메모도 할 수 있기 때문에 어디에 지출을 많이 하는지 파악할 수 있다. 이 정도까지 듣다 보면 분명 이렇게 생각하는 사람도 있을 것이다.

"그 몇 푼 안 되는 거 모아서 뭐 하냐? 젊었을 때 즐길 건 즐겨야지."

하지만 당신이 돈을 그렇게 생각할수록 돈도 당신을 그렇게 생각한다.

> "돈은 인격체다. 돈은 사랑하되 지나치면 안 되고 품을 때 품더라도 가야 할 때 보내 줘야 하며, 절대로 무시하거나 함부로 대해서는 안 된다."

이 말은 내 말이 아니라 4,000억 자산가 김승호 회장의 《돈의 속성(김승호, 스노우폭스북스, 2020)》에 나오는 말이다.

나도 한때 무슨 말도 안 되는 소리인가 싶을 때도 있었다. 그런데 부동산 투자자로 살아 보니 그 말이 정답이라는 것을 많이 느꼈다. 물론 그렇다고 자린고비처럼 살라는 말은 아니다. 나이에 맞게 즐겨야 할 것을 즐기는 것이 중요하다는 것을 지금은 안다. 시간이 지나면 절대 하지 못하는 것도 있기 때문이다. 그래서 자신의 월급에서 10% 정도는 자신이 하고 싶은 것에 투자하는 것도 괜찮다고 생각한다.

추가 소득 만들기

아무리 줄여도 지출할 수밖에 없는 금액이 있다. 월세, 통신비, 교통비, 보험비 등이다. 아무리 줄여도 저축이나 투자 비율을 채울 수 없다면 부업을 통해 추가 소득을 만들어 보자.

이미 많이 대중화된 말 중에 N잡이 있다. 퇴근 후 부수입을 올리는 것인데, 당연히 그만큼 투자금을 빠르게 모을 수 있다. 나도 투자금을 모으기 위해서 다양한 부업을 했다. 쇼핑몰, 블로그 협찬, 인스타 수익화, 전자책 판매, 모임 개최 등… 물론 요즘 자주 나오는 월 1,000만 원의 안정적인 수익은 달성하지 못했다. 다만 회사에서 얻을 수 없던 보람을 부업을 통해 얻고 있다.

쇼핑몰 구매 고객이 상품에 대한 좋은 후기를 자발적으로 달아 줄 때, 모임에 참여한 사람이 매우 의미 있는 시간이었다 말해 줄 때, 내가 만든 인스타 콘텐츠가 조회수 200만을 넘었을 때 등 부업은 내게 많은 뿌듯함을 선사했다. 몸이 바빠도 행복하다는 말을 느끼게 해 준 부업을 꼭 해 보라고 추천한다.

자산 재배치하기

가령 내가 1.5억의 전세(1.2억 전세 대출)를 살고 있다면 보증금 1,000만 원에 월 70만 원을 내는 월세로 옮기는 것이다. 그러면 매달 나가는 돈은 있지만 2,000만 원이라는 투자금이 생긴다.

매달 나가는 돈을 생각하면 손해 아닌가 하는 생각이 들 수도 있다. 그런데 한번 생각해 보자. 1.2억의 전세 대출에 대한 이자를 대략 40만 원(전세 대출 금리 4% 가정 시)이라고 보면, 월세는 70만 원이기에 그

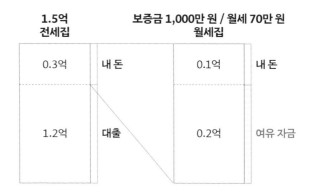

내 여유 자금을 만드는 자산 재배치

1.5억 전세집		보증금 1,000만 원 / 월세 70만 원 월세집	
0.3억	내 돈	0.1억	내 돈
1.2억	대출	0.2억	여유 자금

차이는 30만 원이다. 1년에 남길 수 있는 금액이 360만 원이다. 그렇다면 전세에서 월세로 옮겨 생긴 돈 2,000만 원으로 내가 360만 원 이상을 벌 수 있다면 훨씬 더 이득이다. 결과적으로 매달 나가는 돈 이상을 벌 수 있는 능력이 있다면 자산 재배치를 하는 것이 좋다.

소비 전에 먼저 투자하기

회사에서 월급을 바라는 사람은 월급을 받는 이유로 대부분 이렇게 답할 것이다. 매달 나가는 월세, 생활비를 벌기 위해서라고 말이다. 물론 맞는 말이다. 그런데 순서가 잘못됐다. 소비하기 전에 앞에서 말한 것처럼 최소 투자 비율을 투자하고 남은 돈으로 소비해야 한다. 소비를 먼저 하게 되면 최소 투자 비율을 맞추기가 힘들어지기 때문이다. 돈의 우선순위가 투자가 아닌 소비가 된다.

나는 월급이 들어오면 약 70%는 투자 통장으로 먼저 자동이체를 해 놓는다. 그리고 해당 통장은 투자할 때를 제외하고는 절대 사용하

부자의 현금 흐름을 만들 때까지

	손익계산서		대차대조표	
수입	· 임대표 수익　· 부업 수익 · 배당금　　　· 급여	←	**자산** · 부동산 · 주식 · 채권 · 지적 자산	**부채** · 주택 대출 이자 · 신용카드
지출	· 세금　· 주택 대출 이자 · 생활비			

지 않는다. 그렇게 하지 않으면 매번 소비하다가 '어? 투자금 70%는 모아야 하는데 벌써 써 버렸네, 그냥 다음 달에 하자'라며 매번 다음으로 미루게 된다.

투자금을 모아서 투자하고 최종적으로는 해당 투자 자산이 만드는 전세 상승금, 배당금, 수익을 통해서만 생활활 수 있는 흐름을 만드는 것, 그것이 바로 부자의 돈 흐름이다.

02

월급쟁이가 선택할 수 있는
부동산 투자법

부동산은 시기에 따라 최적의 방법이 달라진다. 그렇다면 현시점에 무주택자가 할 수 있는 최적의 방법은 무엇일까? 내게 무주택자 동생이 조언을 구한다면 지금은 '일시적 1가구 2주택(개인 명의)'을 가져가라고 조언할 것이다. 이 방법에 대해서 간단하게 알아보자.

우리나라는 다른 나라에 비해 부동산 세금을 많이 내는 편이다. 대부분 국민의 자산이 부동산이고 관심도 그만큼 높기 때문일 것이다. 그중에서도 집을 팔 때 내는 양도세가 많은 편인데, '일시적 1가구 2주택'으로 집은 두 채를 가지고 있으면서 둘 다 팔 때 세금을 내지 않는 전략이다.

집은 주식처럼 지금 내놨다고 뚝딱하고 팔기가 힘들다. 그래서 이사를 하는 실수요자가 원래 집을 사고 1년 뒤에 이사 갈 집을 매수하

일시적 1가구 2주택 요건

☑ 종전주택 취득 1년 경과 후 신규주택 취득
☑ 종전주택 2년 보유(조정지역은 2년 거주)
☑ 신규주택 취득 3년 경과 이내 종전주택 양도

1년 이후　　　3년 이내

종전주택 취득　　신규주택 취득　　종전주택 양도

종전주택 2년 보유
(조정지역은 2년 거주)

여, 원래 살던 집까지 가지고 있는 일시적인 기간은 인정해 주는 것이다. 지금은 이 기간을 3년까지 인정해 주고 있다(강남구, 서초구, 송파구, 용산구 제외).

월급쟁이인 내가 할 일이 정해진다. 내가 가지고 있는 자산으로 살 수 있는 가장 좋은 부동산을 산다. 그리고 1년, 부족하다면 더 많은 시간 동안 종잣돈을 모아서 추가로 부동산을 더 산다.

일시적 1가구 2주택을 통해 첫 주택을 팔고, 거기서 얻은 수익과 자본을 붙여 더 좋은 부동산을 산다. 이렇게 '비과세+수익'으로 계속 갈아타기를 하면서 좋은 입지로 입성하는 것이다.

하지만 이런 전략을 실행하려면 두 가지가 필요하다.

첫째, 나의 자산으로 가장 좋은 부동산을 살 수 있는 눈
둘째, 부동산 시장에 대한 지속적인 관심

이 책을 다 읽고 덮을 때면 두 가지를 모두 갖추게 될 것이다.

03

수많은 투자 방법 중 당신의 주특기

부동산은 일반매매, 갭투자, 재개발·재건축, 분양권, 경매 등 시기에 맞게 투자 방법을 다르게 가져가는 것이 좋다.

일반적으로 주택 시장에는 사계절이 있다고 칭해진다. 주택 시장의 사계절에 따라 적합한 투자 방법이 달라진다. 이 사계절을 예시로 한 번 살펴보자.

코로나가 처음 발생했을 때 가격이 폭등했던 상품은 바로 마스크이다. 코로나 초반에는 물량이 달려 대란이 있을 정도였으나 금방 만들어 낼 수 있는 상품이기에 다시 가격이 안정화되었다. 하지만 아파트는 수요가 많을 때 바로 만들 수 없고, 아파트를 짓더라도 적어도 2~3년은 필요하다.

한 지역의 부동산 가격이 하락하고 있다고 가정해 보자. 하락기가

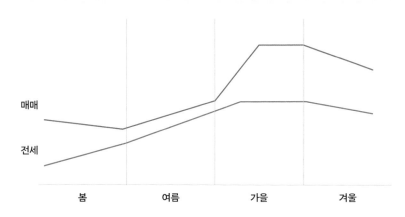

주택 시장의 사계절

매매

전세

봄   여름   가을   겨울

길어지면 사람들은 가격이 더 내려갈 것 같아 집을 사지 않고 전세나 월세를 선택하게 된다.

부동산은 사람에게 필수적인 상품이기에 매매, 전세, 월세라는 세 가지 중 한 가지를 선택해야 하는데, 매매를 안 하면 남는 것은 전세와 월세, 두 가지뿐이다.

그래서 하락기에 매매는 조정되고 전세, 월세만 오르게 된다. 특히 우리나라는 전세를 선호하기에 전세가 오르게 되는데 이 시기를 바로 '봄'이라고 한다.

이후 점점 전세가가 반등하고 매매가에 근접하게 되면 어느 순간 전세가가 매매가를 밀어 올리게 된다. 그러다 보면 점점 그 지역의 부동산 시장이 반등하게 된다.

예를 들면 렌트비(전세가)가 자동차 사는 값(매매가)보다 비쌀 수 없다는 정도로 이해하면 좋겠다. 이 시기가 바로 '여름'이다. 특히 여름에는 시장이 살아나는 것을 보면서 건설사도 분양을 늘리게 된다.

이렇게 매매, 전세가 오르면서 여름에 건설사가 분양했던 물량들이 2~3년 후 입주물량으로 돌아온다. 입주물량이 많아지면 돈이 부족하거나 개인 사정 때문에 당장 입주하지 못하는 사람들이 전세를 내놓게 된다. 그렇게 전세 물량이 많아지면서 전세가 떨어지기 시작하는데, 이를 '가을'이라고 한다.

전세가 먼저 떨어지고 매매와의 격차가 점점 커지면서 전세가가 매매가를 끌어내리게 된다. 그렇게 다시 그 지역의 부동산 시장이 침체(하락)하는 시기가 오는데, 이를 '겨울'이라 한다. 침체기 이후 다시 시장은 봄이 오고, 각 지역은 사계절을 순환하게 된다.

부동산의 사계절을 이렇게 길게 설명한 데는 계절별 적절한 투자법이 달라지기 때문이다.

- 매매가 정체되고 전세가 오르는 봄에는 **상급지 갭투자**
- 전세가 올라 매매가에 영향을 주기 시작하는 초여름에는 **분양권, 재개발·재건축**
- 매매, 전세 다 오르는 상승장인 한여름에는 덜 오른 곳을 매수하는 **갭 메우기 투자**
- 전세가가 하락하기 시작하는 가을에는 매수보다는 **매도**
- 하락하는 겨울에는 확정적 수익을 얻을 수 있는 **경매**
- 항상 좋은 투자는 **청약**

부동산에는 정답이 없기에 '지금 초여름이니 곧 여름이 오겠다'라는 예측은 하지 않기를 바란다. 부동산 사계절을 알고는 있되 지금 시장 상황을 보니 어떤 계절이구나 하는 현재 상황의 판단 정도로 참고

하길 바란다.

여러 투자법을 알아보고 자기에게 맞을 것 같은 방법을 적어도 1년은 공부해 보길 권한다. 그 과정에서 첫 실행도 해 보길 바란다. 내가 이렇게 이야기하는 이유는 여기저기 찔러 보는 사람 중에 실천은 못 하고 그만둔 사람을 정말 많이 봐 왔기 때문이다.

부동산은 아무리 소액이라도 최소 몇천만 원 이상의 돈이 필요하다. 그 돈을 투자하려는 결단을 내리려면 준비되어 있어야 한다. 경험상 그 기간은 최소 6개월, 적어도 1년은 필요하다. 한 분야만 기초부터 제대로 공부한다면 다른 분야도 쉽게 접근할 수 있을 것이다.

부동산 Plus

· 투자금이 부족하다면 통장 쪼개기, 지출 분석, 부업, 자산 재배치, 소비 전 투자라는 5단계로 종잣돈을 마련해야 한다.

· 월급쟁이라면 가장 먼저 '일시적 1가구 2주택' 전략을 통해 세금 없이 수익을 누릴 수 있는 구조를 이해해야 한다.

· 부동산 투자에도 계절이 있다. 매매·전세 흐름에 따라 갭투자, 재개발, 분양권, 경매 등 적절한 전략이 달라진다.

· 다양한 투자 방법의 하나를 선택해 최소 1년 이상 집중적으로 공부하는 것이 중요하다.

· 부동산은 실행하지 않으면 아무 소용없다. 작게라도 시작하는 것이 가장 큰 공부다.

부동산
체크리스트

☐ 나의 종잣돈 마련 전략을 작성했다.

☐ 일시적 1가구 2주택 제도를 이해하고 활용법을 익혔다.

☐ 나의 부동산 주특기는 무엇으로 할지 정했다.

☐ 해당 주특기를 통해 얼마 안에 실행할지 실행 플랜을 작성했다.

3장

임장의 모든 것

지역 임장하는 방법

부동산에 관심 있는 사람이라면 한 번쯤 '임장'이라는 것을 들어 보았을 것이다. 임장은 생각처럼 어려운 것이 아니다. 움직이지 않는 '부동산'을 움직일 수 있는 '내'가 직접 보러 가는 것이다. 임장에는 크게 지역 임장, 매물 임장이 있다. 이 두 단계만 거치면 당신은 부동산을 매수할 준비가 된 것이다. 시중에 부동산 임장에 대한 많은 정보가 있는데 이 책에 나와 있는 임장 방법만 알고 있어도 부족함은 없을 것이다.

먼저 지역을 둘러보는 지역 임장은 말 그대로 내가 관심 있는 지역에 대한 큰 그림을 그리는 작업이다. 나는 무엇을 하든 해야 하는 이유에 대해서 생각하는 편인데, 해야 하는 이유를 가져야 더 열심히 자발적으로 하기 때문이다. 그럼 지역 임장은 왜 해야 할까?

첫째, 나무를 보려다 큰 숲을 놓칠 수 있어서다. 예를 들어 내가 A

라는 지역의 B 단지에 관심 있다고 하자. 만약 A 지역 임장을 하지 않은 채 B 단지를 매수했는데, 실제 거주하고 보니 A라는 지역이 생각보다 어둡고 지저분해서 거주 만족도가 크게 떨어질 수 있다.

둘째, 지역 간 비교를 위해서이다. 예를 들어 영수는 A 지역만 가 보았다. 반면 영희는 A, B, C 지역을 모두 가 보았다. 과연 누가 의사 결정을 잘할 수 있을까? 아마도 영희가 더 많은 비교군이 있기 때문에 영수보다 더 좋은 선택을 할 확률이 높다.

셋째, 가보지 않은 지역은 실제 투자하기가 어렵다. 당신이 몇 년째 투자를 이어오고 있는 고수라면 모를까, 가보지 않은 지역에 몇천만 원, 몇억이라는 돈을 투자하기는 어렵다. 그래서 내 집 마련이든 투자든 간에 지역 임장은 반드시 거쳐야 한다.

지역 임장을 하기 위해서는 먼저 임장 코스를 짜야 한다.

완성된 임장 지도

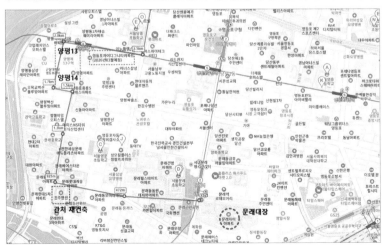

출처 카카오맵

임장 코스는 카카오맵 거리재기를 통해 짤 수 있다. 임장 코스를 짤 때는 크게 네 가지 요소를 중심으로 짜면 된다.

① 지역의 대장급지, 대장아파트

② 상권, 학원가

③ 교통 개발, 재개발·재건축

④ 관심단지

예를 들어 경기도 용인 수지로 임장을 간다고 생각해 보자. 수지의 대장급지는 풍덕천동이다. 급지를 보는 방법은 간단하게 평당가를 기준으로 보면 쉽다. 평당가는 부동산지인 홈페이지나 앱에서 지역/아파트 > 지역분석 > 하단에 동별로 나오는 차트 - 매매가 순 정렬을 통해 알 수 있다.

급지 찾아보기

출처 부동산지인

보통 대장급지에 대장아파트가 있는 경우가 많은데, 수지의 대장아파트는 성복역롯데캐슬골드타운으로 성복동에 있다. 대장아파트는 아실 앱에서 최고가 APT 탭을 통해서 확인할 수 있다. 이제 성복역롯

대장아파트 찾기

출처 아실

데캐슬골드타운을 기점으로 풍덕천동의 임장 코스를 짜 볼 수 있다.

대장단지를 먼저 둘러보는 이유는 첫째, 부동산에서는 좋은 곳의 가격 상승이 먼저 일어나고 수요도 더 꾸준하기 때문이다. 대장아파트는 그 지역의 상방이 된다. 즉 수지의 모든 아파트 가격은 성복역롯데캐슬골드타운을 넘을 수 없다.

또한 대장아파트 가격을 통해 다른 지역의 대장아파트와 비교하여 어떤 지역이 현재 입지 대비 저렴한지 판단할 수 있는 자료가 된다. 대장아파트의 입지 요소를 보면 그 지역에서 어떤 입지 요소를 중요시하는지도 알 수 있다. 그 기준을 통해 그 지역 내 다른 아파트를 선택할 때도 참고하면 되는 것이다.

둘째, 상권과 학원가를 포함해서 임장 코스를 짜면 된다. 일단 대장아파트를 기점으로 풍덕천동을 돌기로 했으니 풍덕천동의 주요 상권과 학원가를 포함하면 된다. 이는 호갱노노에서 확인할 수 있는데, 상권과 학원가를 도는 이유는 해당 상권이 거주하는데 도움이 되는 상권인지, 학원가가 투자하는데 고려할 만한 규모인지 등을 확인하기

학원가 찾기

출처 호갱노노

실거주를 한다면 어떤 상권을 좋아할까?

68

위한 것이다.

68쪽의 사진에서 왼쪽의 상권은 병원, 마트, 학원 등 일반 사람들이 선호하는 상업 시설이 많아 매수자들이 선호하는 상권이 되겠지만, 오른쪽은 오히려 상권이 없는 것이 거주 만족도가 높을 것이다.

다음으로 그 지역의 호재가 있다면 호재 예상 지역을 포함한다. 호재에는 크게 세 가지가 있는데 일자리 증가, 주요 업무 지구로 갈 수 있는 교통 호재, 오래된 아파트들이 한꺼번에 새 아파트로 바뀌는 재개발이나 재건축 등이 있다.

풍덕천동에는 대표적으로 리모델링 이슈가 있다. 대표적인 풍덕천동 리모델링 단지들을 포함시켜 현수막 등으로 현재 분위기 등을 유추해 볼 수 있다. 마지막으로 개인적으로 관심이 있는 단지들을 포함해서 코스를 짠다.

그렇게 코스를 짜고 지도에 표시하여 완성한다. 이 지도를 카카오톡 내게 보내기로 보내고 임장 시에 항상 확인하면서 임장하면 된다.

리모델링을 추진하고 있는 수지의 단지

완성된 임장 지도

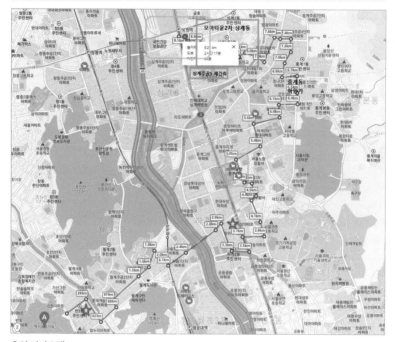

출처 카카오맵

막상 준비를 마치고 현장에 가면 이런 궁금증이 생길 것이다.

"코스 보면서 그냥 돌면 되나?"

일단 가는 것이 반이긴 하다. 부동산 초보자 시절 나도 지역 임장을 가서 무얼 봐야 할지 몰랐고 그냥 생각 없이 걸으면 되는 건가 싶었다. 너무 답답한 나머지 당시 멘토님에게 '지역 임장을 가서는 뭘 봐야 하나요?'와 같은 질문을 하기도 했다. 멘토님은 이렇게 대답했다.

"일단 그런 걱정하지 말고 가세요."

이후 임장에 대한 노하우가 쌓이고 지역 임장을 다니면서 봐야 한다고 느낀 것은 다음의 세 가지이다.

지역의 시세와 현장을 매칭하기

단순히 인터넷으로 시세를 조사하는 것이 아닌 시세를 조사하고 현장에서 입체적으로 시세를 입히는 것이다. 듣기로도 큰 차이가 있지만, 실제 다녀오고 나면 시간이 지나도 가격이 기억에 잘 남는다. 많은 지역, 많은 단지의 가격을 아는 것은 나중에 선택할 때 비교군이 되기 때문에 가격에 대한 감을 익힐 수 있다.

경사, 조도, 관심단지 내 관리 상태, 지역의 분위기 등

인터넷을 통해 경사, 조도, 관심단지 내 관리 상태, 지역의 분위기 등을 알아볼 수는 있다. 하지만 개인마다 느끼는 느낌이 달라서 실제 현장에서 직접 느껴 보는 것이 좋다. A라는 사람이 느끼기에는 경사가 나쁘지 않은데, B가 느끼기에는 경사가 심하다 느낄 수 있기 때문이다. 주변이 어두워서 여성 혼자 다니기 어렵지는 않은지, 다니는 사람들의 느낌은 어떤지 직접 발로 밟으며 느껴 봐야 안다.

특히 구축아파트는 밤에 주차 상태를 꼭 확인해야 한다. 주차가 어려우면 얼마나 고통스러운지는 한 번이라도 구축아파트에 살아 봤다면 말 안 해도 알 것이다.

분리수거장 관리 상태를 통해서도 해당 단지에 사는 사람들의 수준을 알 수 있다. 한번은 노원구에 A 단지 임장을 간 적이 있었다. 그런데 유독 해당 단지는 분리수거장 관리 상태가 제대로 안 되었다고 생각했는데, 아니나 다를까 해당 아파트를 다니는 사람들을 보면서 이유를 유추할 수 있었다.

역사가 들어서고 있는 GTX-A 킨텍스역

호재 진행 상황 및 현장 분위기

지역의 부동산 호재나 현장 분위기를 파악해야 한다. 예를 들어 GTX-A 노선이 곧 개통된다고 하는데, 실제로 어느 정도 진행이 되고 있는지, 주변에서 해당 호재에 대한 현수막이 얼마나 걸려 있는지 등 해낭 호재에 대한 지역의 관심이나 진행 상황을 실제로 확인해 보는 것이 좋다.

공통점은 인터넷으로는 알기 어려운 것을 중점적으로 보는 것이다. 지금까지 지역 임장 방법을 모두 알려 주었다. 많은 양처럼 보여도 막상 몇 번 하다 보면 어려운 부분은 없을 것이다. 또한 목적이나 코스 없이 산책처럼 임장하던 이전보다 훨씬 효율적인 임장이 될 것이다.

02

부동산 중개소에
전화하는 방법

부동산에 한 번도 가보지 않았던 부린이 시절 부동산에 전화해서 뭘 물어봐야 할지 막막했었다. 그래서 매번 부동산에 전화하는 것을 미뤘다. 전화해서 어떤 식으로 대화해야 하는지 누구라도 좋으니 그냥 알려 줬으면 좋겠다 싶었다. 그래서 과거의 나와 비슷한 고민을 하고 있을 사람들을 위해 정리하였다. 물론 고백하자면 아직도 부동산에 전화하는 것은 부담스러운 일이다.

하지만 전화로 무엇을 물어보고 어떤 식으로 대화해야 하는지는 알게 되었다. 지금부터 나올 내용은 내가 몇 년간 시행착오를 겪으며 습득한 내용이다.

부동산에 전화하는 사람은 크게 세 가지 부류가 있다. 매수자, 매도자, 세입자이다. 그렇다면 매수자는 매수자로만 전화하면 되지 않나

싶지만, 다양한 컨셉으로 전화를 해 봐야 한다. 매수자라면 매도자, 세입자 컨셉으로도 전화를 해 봐야 한다. 그 이유와 각 상황에 맞게 물어봐야 할 것을 지금부터 살펴보자.

매수자(실거주자)

매수자는 크게 두 가지 종류가 있다. 실제로 들어가서 살 실거주자와 전세를 주고 투자할 투자자이다. 먼저 실거주자가 전화로 파악해야 할 것은 크게 세 가지이다.

① 전화한 매물의 입주 가능 여부
② 해당 매물의 집 상태(특히 구축일 경우)
③ 더 저렴하거나 추천할 만한 다른 매물

실거주자 안녕하세요. 네이버 ○○동 ○○억 매물 보고 전화했는데요. 매물 있을까요?

중개인 네, 매물 아직 있어요. 입주하실 건가요?

실거주자 네, 입주하려고요. 대략 3개월 뒤쯤에 입주 예정입니다.

중개인 아, 그건 집주인이랑 상의해 보면 될 것 같은데요. 언제쯤 방문하실 생각이신가요?

실거주자 아, 이번 주 토요일쯤에 방문할 생각입니다. 혹시 집수리 상태는 어떤가요? 수리가 된 매물만 보고 있어서요.

중개인 아, 해당 매물은 수리는 안 했고 기본 집이에요. 수리된 집 원하시면 ○○동 ○○억 매물이 괜찮아요.

실거주자 그러면 해당 매물이 수리된 것 중에 제일 싸게 나온 건가요?

중개인 네, 맞아요

실거주자 네, 그러면 토요일 10시쯤에 보러 갈게요. 다른 매물도 몇 개 같이 볼 수 있나요?

중개인 네, 토요일에 오시면 같이 보여 드릴게요.

실거주자 네, 그럼 예약되면 문자 한 번 부탁드립니다. 그때 뵙겠습니다.

길게 이야기할 필요는 없다. 어떤 곳에서는 전화로 해당 단지의 교통, 환경, 학군 등을 물어보라고도 하지만, 대략 앞에서 이야기한 정도만 파악하고 나머지는 현장에서 확인하면 된다.

매수자(투자자)

투자자가 실입주자와 다른 것은 전세에 관해 물어봐야 한다는 점이다.

① 실제 나가는 전세값

② 전세 수요의 유무

③ 다른 전세 매물의 유무

투자자 안녕하세요. 네이버 ○○동 ○○억 매물 사서 세주려고 하는데요. 매물 있을까요?

중개인 네, 매물 아직 있어요.

투자자 네, 구매하여 세주려고 하는데 요즘 전세는 얼마 정도 나가나요?

중개인 요즘 전세는 ○○억 정도면 나가요. 전세 매물이 별로 없어서 전세 대기 중인 사람도 있어요.

투자자 아, 전세 매물이 몇 개 정도 있는 건가요?

중개인 1~2개 정도 있는데, 그건 가격을 비싸게 불러서 안 나가고 있어요. 가격만 싸게 내놓으면 금방 나가요.

투자자 그 1~2개 물건은 수리가 된 건가요?

중개인 네, 맞아요.

투자자 네, 그러면 토요일 10시쯤에 보러 갈게요. 다른 매물도 몇 개 같이 볼 수 있나요?

중개인 네, 토요일에 오시면 같이 보여 드릴게요.

투자자 네, 그럼 예약되면 문자 한 번 부탁드립니다. 그때 뵙겠습니다.

매도자

개인적으로 최종 매수를 검토하는 단지에서는 꼭 매도자 컨셉으로 전화를 하는 편이다. 내가 부동산 중개소를 한다고 생각해 보자. A라는 물건이 6억에 나왔다. 최근 실거래가는 5.8억이다. 그런데 당시 실거래될 때보다는 분위기가 좋지 않아 6억에는 매도가 힘들다는 것을 알고 있다. 그런 상황에서 매수자가 A 물건에 관심 있다고 할 때 6억은 요즘 분위기로 봤을 때 별로인 가격이라고 할 것인가? 중개사 입장에서는 중개를 한 건이라도 더 해서 수수료를 받아야 하기에 6억도 괜찮은 가격이고, 어쩌면 좀 더 조정해 주겠다고 할 수도 있다.

반대로 집을 파는 매도자가 6억에 팔 수 있냐고 문의했다 가정해 보사. 거래를 한 건이라도 진행시키는 것이 좋으므로 실제 거래할 수 있는 가격인 5.8억은 되어야 거래가 된다고 이야기할 것이다. 여기서 매도자 컨셉으로 전화하는 이유는, 지금 매매 가격이 시장 분위기에서 싼 가격인지를 판단하기 위해서이다.

부동산에서 매수, 매도 중 뭐가 중요한지 많이들 물어본다. 이때까지 부동산 투자를 하면서 느낀 것은 매수를 잘못하면 매도가 힘들고 매수를 잘하면 매도도 편하다는 것이다. 즉 매수가 더 중요하다는 것이다. 그래서 매도자 컨셉으로 통화하면서 싸게 매수하는 것인지 한 번 더 체크할 필요가 있다.

매도자 안녕하세요. ○○아파트 ○○동 ○층 사는 사람인데요. 한두 달 내로 급하게 발령이 날 것 같은데 얼마쯤이면 팔릴까요?

중개인 몇 호 거주하시나요?

매도자 아, 아직 집 파는 것을 가족들과 상의를 안 해서요. 호수는 나중에 알려 드릴게요. 미리 얼마 정도에 팔리는지만 알고 싶어서요.

중개인 집 상태는 어떤가요?

매도자 집은 따로 수리하지 않은 기본 상태입니다.

중개인 기본 집이면 ○○억 정도면 금방 팔려요.

매도자 아, 그렇군요. 요즘 집 보러 오시는 분들은 좀 있나요?

중개인 요즘 대출도 안 나오고 해서 손님이 뚝 끊기긴 했네요. 그래도 싸게 내놓으면 살 사람은 있어요.

매도자 네, 알겠습니다. 그럼 상의해 보고 다시 연락드릴게요.

매도자 컨셉으로 전화할 때 주의할 것은 절대 동호수는 이야기하면 안 된다. 왜냐하면 내가 가정하는 동호수에 실제 거주하는 사람이 있기에 나중에 중개소에서 확인을 위해 해당 호수에 전화를 할 수도 있기 때문이다.

세입자

세입자 컨셉 또한 매도자 컨셉으로 전화하는 것과 비슷한 맥락이다. 매도자는 실제 거래되는 가격을 판단하기 위한 것이라면 세입자 컨셉은 실제 거래되는 전세값을 판단하기 위한 것이다. 정리하면 다음과 같다.

① 실거주자라면 : 매수자(실거주자) 컨셉, 매도자 컨셉(매수 전 매매 가격 판단)

② 투자자라면 : 매수자(투자자) 컨셉, 매도자, 세입자 컨셉(매수 전 전세값 판단)

전세값 또한 투자자에게는 실제 거래되는 가격보다 높게 이야기하는 경향이 있다. 왜냐하면 투자자는 전세값을 높게 해야 투자금을 줄일 수 있고, 그래야 투자할 확률이 높기 때문이다.

반대로 전세 세입자는 전세값이 낮아야 전세 거래할 확률이 높다. 그래서 거래가 목적인 중개인은 두 가지 입장에 따라 가격을 다르게 이야기하는 경향이 있다. 나는 세입자 컨셉으로 전화할 때 다음과 같이 전화하는 편이다.

세입자 안녕하세요. 조만간 그쪽 지역으로 발령이 날 것 같은데 A 아파트 ○○평 전세 요즘 얼마 정도 하나요?

중개인 요즘은 ○○억 정도 해요.

세입자 제가 지금은 사는 곳이 멀어서 그런데 가면 물건을 많이 볼 수 있을까요?

중개인 요즘은 전세 매물이 거의 없어서 오셔도 볼 수 있는 것이 2~3개 정도밖에 없어요. 대신 다른 아파트와 같이해서 보여 드릴게요.

세입자 다른 아파트라고 하면 어떤 아파트가 있나요?

중개인 보통 보러 오시는 분들이 B, C 아파트도 같이 많이 보고 가세요.

세입자 네, 알겠습니다. 그럼 날짜 상의해 보고 다시 연락드릴게요.

부동산 중개소를
임장하는 방법

부린이 시절 가장 두려웠던 것은 바로 '중개소 방문'이었다. 왜냐하면 부동산 공부를 하기 전까지 단 한 번도 중개소에 가 보지 않았기 때문이다.

부동산에 관심을 가지고 나서 처음 중개소를 방문하려고 했던 때를 아직도 잊지 못한다. 대단히 추운 겨울이었는데, 30분을 고민하다가 결국 들어가지 못하고 '그냥 다음에 가자' 하며 발을 돌렸던 기억이 난다.

먼발치에서만 보던 중개소

지금 생각해 보면 중개소가 두려웠던 것은 크게 세 가지 때문이었다.

① 아무것도 모르는데 무시하지 않을까?

② 무슨 말을 해야 할까?

③ 집 보러 가서는 어떻게 봐야 할까?

아무것도 모르는데 무시하지 않을까?

사실 이런 생각을 한다는 것 자체부터 문제이다. A 단지 중개소를 간다고 가정하면, A 단지 그리고 A 단지가 속한 그 지역에 대해서 어느 정도는 알고 가는 것이 중개인에 대한 예의이다. 부동산 중개인은 중개하기 위한 사람이지 내게 가르쳐 주기 위한 선생님이 아니기 때문이다.

부동산에 대한 전반적인 지식이 부족해도 그 지역과 단지에 대해 어느 정도 알고 있다면 좀 더 중개소에 대한 두려움이 줄어들 것이다.

지역을 분석하는 방법은 다음 챕터에서 소개하겠지만, 시간이 부족하다면 인터넷에 소개된 해당 지역에 관한 내용을 읽기만 해도 최소한의 준비는 될 것이다. 나는 해당 지역에 대한 나무위키를 읽어 보는 편이다. 다음의 QR코드를 찍으면 다양한 지역의 임장 정보 및 실시간 정보를 제공하는 오픈채팅방에 참여하여 내용을 확인할 수 있다(참여코드 2030).

무슨 말을 해야 할까?

부린이에게 가장 큰 고민일 것이다. 다음은 수십 번 부동산을 다니면서 추가하고 삭제하기를 반복한 부동산 질문 체크리스트이다.

상황	내용
처음 (아이스 브레이킹)	☐ 부동산이 코너에 있어서 제일 잘 보이네요 ☐ 주말에도 고생이 많으십니다!
소개	☐ 자기 상황 솔직하게 이야기하기(무주택인데 첫 집 장만하려고 왔어요)
현장에서 알 수 있는 정보 물어보기	☐ 이 동네에서 선호하는 단지? 이유는?(단지별 선호도 파악) ☐ 여기와 어떤 단지랑 시세가 같이 가나요?(비교 평가해 보기) ☐ 제가 옆에 동네, 단지도 같이 보고 있는데 그 동네 어때요?(크로스체크, 단지만 아는 것이 아니라 그 지역을 알고 있는 중개인인지) ☐ 로열동? 이유? 가격 차는 보통 얼마 정도? ☐ 분위기, 요즘은 투자자가 많은가요? 실수요가 많은가요? ☐ 지하 주차장 연결, 주차 상황 파악하기
매물 가격 판단	☐ 최근(한 달 이내) 거래 건수와 그중 비싸게 거래된 매물이 있나요?(현재 매물 급매 판단) ☐ 더 싼 물건은 없나요? ☐ (네이버를 보면서 더 싼 매물이 있으면) 이 매물은 없나요?
입지	☐ 주변에 큰 직장이 있는지, 이 단지 사람들이 어느 곳의 직장으로 많이 다니나요?(사람들 소득 수준 파악) ☐ 출퇴근 시 이용하는 교통수단은 무엇인지, 자동차 or 지하철 or 버스? 사람은 많아 붐비나요? ☐ 중학교는 어디로 가는지, 중학교 선호는 어디인지(좋은 학교랑 비교해서 물어보기), 근처 학원가를 실제로 많이 이용하는지? ☐ 마트는 주로 어디로 다니나요?

매물 보러 가는길	□ 이 물건 나온 지 얼마나 됐나요? 보러 온 사람은 없었나요? 그때 왜 거래가 안 됐죠? 연락은 많이 왔나요?(연락이 많이 왔다는 건 수요가 많다는 것이다.) □ 집주인의 매도 사유(협상의 키)

여기 내용을 언제 다 물어봐야 할지 생각하는 사람이 분명 있을 것이다. 당연히 모두 다 물어봐야 할 필요는 없다. 그때그때 필요한 것들만 물어보면 된다. 그렇게 몇 번 대화하다 보면 중개인과의 대화에서 자연스럽게 다음 질문이 나올 것이다. 진짜 할 말이 없으면 교통, 학군, 환경에 관해서 물어보길 바란다.

소극적이던 내게 중개소는 두려움의 공간이었다. 그런데 생각해보니 중개인도 결국 누군가의 가족이고, 나와 똑같이 돈을 벌기 위해 자기 일을 할 뿐이었다. 조금은 편하고 부담 없이 대하길 바란다.

집 보러 가서는 어떻게 봐야 할까?

중개소에서 약간의 대화를 나눈 후 중개인과 함께 집을 보러 갈 것이다. 이때 꼭 확인해야 할 것은 바로 단지의 관리 상태이다.

· 동마다 게시판은 잘 관리되고 있는가?
· 엘리베이터는 교체했는가? 깨끗한 편인가?
· 복도식 아파트라면 복도마다 창문 샷시가 되어 있는가?
· 분리수거장 관리가 잘 되어 있는가?

이런 부분이 해당 단지에 대한 주민들의 인식과 관심이다. 투자라면 모를까 실거주라면 같이 사는 주민들의 수준도 중요한 부분이다. 물론 중개소를 방문하기 전에 단지를 먼저 둘러보며 방문해도 좋지만, 월급쟁이 투자자는 시간이 많지 않다. 이왕 매물을 볼 때 한꺼번에 모두 보자.

그렇게 매물을 보러 이동한 후 내부를 확인해야 하는데 초보자라면, 그냥 멍하니 둘러보고 여러 집을 보다 보면 나중에는 그 집이 그 집 같을 것이다. 그래서 한번 볼 때 꼼꼼히 보고 정리를 잘해야 한다. 그중에서도 내게 도움이 됐던 두 가지 팁이 있다.

· 나만의 경로대로 집을 본다.
· 집에 사는 사람의 특징으로 집을 기억한다.

수많은 매물을 보며 터득한 팁인데, 보통 집에 들어가면 부동산 중개인보다 먼저 내가 정한 경로대로 집을 보는 편이다. 물론 부동산 중개인이 안내해 주겠지만, 계속 경로가 바뀌어서 이렇게 정한 것인데, 사실 이 부분은 개인에 따라 다를 것이기에 참고하길 바란다.

한번에 여러 개의 매물을 볼 때 집 상태로 기억하면 절대 기억하지 못한다. 반면 그 집에 사는 사람의 특징으로 기억하면 기억하기가 수월하다. A 집은 고양이를 기르는 할머니가 사는 집, B 집은 아내의 키가 엄청 큰 신혼부부 집식으로 말이다. 물론 각 집마다 특징도 기록해 놔야 한다. 사람만 기억하고 집 상태를 기억하지 못하면 안 되기 때문이다.

집 내부에서 체크해야 할 것은 두 가지이다.

수리 상태 점검

특히 수리 상태는 구축아파트에서 중요한데, 가장 주의해서 볼 것이 화장실과 주방 수리 상태이다. 혹시 내가 나중에 세를 주거나 실입주할 때나 화장실과 주방은 기본적으로 수리해야 하기 때문이다. 이 외에도 따로 수리가 필요 없이 그대로 놔둘 수 있는 부분이 있는지 꼼꼼히 살펴보길 바란다. 또한 베란다에 보일러가 있다면(개별 난방) 10년 이상이 되면 교체해야 하므로 이 부분도 체크하자.

그리고 하자가 있는지 꼼꼼히 보자. 대표적인 하자로는 천장에 물이 새는 누수, 집 밖과 안의 온도 차이로 생기는 결로가 있다.

누수

결로

화장실 타일 깨짐

마루 찍힘

신축아파트는 크게 수리가 필요 없다. 다만 가끔 신축아파트에는 타일 깨짐이나 마루 찍힘, 결로 등이 생길 수 있으므로 이 정도는 확인하자.

♀ 조망, 소음

조망이란 마루에서 밖을 바라볼 때 확인할 수 있는 뷰이다. 특히나 요즘은 한강 뷰, 호수 뷰, 산 뷰 등 조망에 대한 중요도가 강조되고 있다. 압구정현대 같은 경우는 한강이 보이는지에 따라 같은 아파트임에도 몇억씩 차이가 난다. 광교는 역세권보다 호수 뷰가 보이는 중흥 S클래스가 대장단지 역할을 하고 있다.

반대로 뷰가 단지에 바로 막혀 있거나 상가에 가리거나 낮임에도 무언가에 가려서 햇빛이 들어오지 않는다면 매수를 다시 검토해 볼 필요가 있다. 아무리 인터넷이 발달하더라도 호수마다 조망을 알 수는 없다. 한번 볼 때 이 부분은 꼼꼼하게 체크하자.

다음은 소음이다. 아파트를 보다 보면 바로 옆에 큰 도로가 있거나 지상철이 다니는 경우가 있을 것이다. 이때는 꼭 창문을 열어서 소음이 심하지는 않은지 체크해 보길 바란다.

"창문을 닫으면 어차피 조용해요."

부동산 중개인의 말에도 소음의 유무는 꽤 중요하다. 왜냐하면 여름철이나 날씨가 좋을 때는 창문을 열고 생활하는 경우가 많기 때문이다.

부동산
협상하는 방법

가장 먼저 명심해야 할 것이 있다. 바로 매물을 보자마자 계약하지 않는 것이다. 중개인의 목적은 당신이 좋은 집을 싸게 사는 것이 아니다. 오로지 거래만 시키면 그만이다. 그래서 지금 꼭 거래해야 하는 이유, 이 집이 좋은 이유에 대해서 은연중에 계속 이야기할 확률이 높다. 그런 경우에는 이성이 작용하지 않고 감정적으로 계약하게 될 확률이 있다. 따라서 매물을 보고 나서 하루 정도는 스스로 점검해 보길 바란다.

"이 매물이 제일 괜찮은 것 같은데, 사도 괜찮을까?"

그리고 다음 날 넌지시 던져 보는 것이다.

"어제 ○○물건이요. ○○억까지 조정될까요?"

이때 부르는 가격은 내가 원하는 가격에서 좀 더 뺀 금액을 제시하

라. 물론 터무니없는 가격을 부르는 게 쉽지는 않을 것이다. 하지만 진짜 그 가격에 조정이 될지도 모른다. 나도 초보자 시절 가격 제시로 고민했었다. 하지만 내가 원하는 가격을 제시했고, 그 정도까진 아니어도 내가 원하는 가격보다 더 저렴한 가격을 제시받았던 기억이 있다. 가격은 생각만 하지 말고 제시해 봐야 알 수 있는 것이다.

여기서 한 가지 비밀이 있는데, 내가 그런 가격을 제시할 수 있었던 것은 그 매물이 아니어도 다른 선택지가 있었기 때문이다. 만약 나에게 다른 선택지가 없었다면 "이 매물 놓치면 안 되는데…"라는 생각으로 그 가격을 제시하지 못했을 것이다.

그리고 협상할 때 그냥 깎아달라고 할 수도 있지만, 좀 더 확률을 높이는 방법이 있다. 바로 매도자의 상황을 파악하고 그걸 해결해 줄 테니 가격을 조정해 달라고 하는 것이다. 협상은 매도자, 매수자 모두 윈윈(Win-Win)해야 이루어질 확률이 높다.

· 매도자가 개인적인 사정으로 급하게 돈이 필요하다면?
  - 계약금을 두 배 주거나 가계약금을 계약금 금액으로 주겠으니 깎아달라.
· 매도자가 세금 때문에 언제까지 꼭 팔아야 하는 상황이라면?
  - 지금 분위기가 좋지 않아 나중에 안 팔릴지 모르고 그러면 세금이 더 많이
    나오니 깎아서 빨리 팔라.

이렇게 해서 깎이면 좋고 아니면 다른 물건을 검토해 보겠다는 마인드로 접근하는 것이 좋다. 협상이든 뭐든 간에 항상 갑의 위치에 서는 것이 중요하다. 물론 깎이지 않아도 내가 이 물건은 싸다는 확신이

있으면 사는 것이 중요하다.

나도 초보 시절 '무조건 나는 가격이 깎이면 사겠다'라는 말도 안 되는 고집이 있었다. 그래서 좋은 시기에 들어선 매물들을 많이 놓쳤었던 슬픈 기억이 있다. 그 정도 확신이 들지 않는 매물이라면 아쉬워하면서 '그 가격 밑으로 맞춰지면 연락주세요' 하고 기다리면 된다.

잘하는 부동산 중개소를 찾는 팁

부동산 협상은 윈윈(Win-Win) 전략도 중요하지만, 중개인의 역량도 중요하다. 매도 시에 집을 보러 온 전세 세입자가 내 물건을 매수하도록 만들 수도 있고, 매도자를 잘 설득해서 내가 원하는 가격에 맞춰줄 수도 있기 때문이다.

그러면 잘하는 부동산은 어떻게 찾을 수 있을까? 당연히 정답은 없다. 내가 가 보지도 않았는데 어떤 이가 잘하는 부동산을 소개해 주겠는가? 인터넷의 정보도 그저 부동산을 홍보하는 경우가 많다. 투자 인맥이 넓다면 그런 곳들을 추천받을 수도 있겠지만, 대부분은 그런 상황도 아닐 것이다.

결국 직접 관심 있는 지역의 중개소를 많이 찾아가고 방문하는 방법뿐이다. 하지만 지금까지 임장을 다니면서 '이런 부동산은 잘하는구나'라고 느꼈던 팁을 소개하고자 한다.

◉ 코너 부동산

코너 부동산이란 상가에서 코너에 있는 부동산을 말한다. 코너 부동산은 가장 잘 보이는 위치에 있는 만큼 임대료가 비싸다. 그럼에도 그 자리를 유지하고 있는 것은 그 정도로 장사가 잘되기 때문일 확률이 높다. 중개소가 장사가 잘된다는 말은 무슨 의미일까? 거래를 많이 성사시킨다는 의미가 되고 그만큼 실력 있는 부동산이라는 의미가 된다.

🔍 오래돼 보이는 부동산

부동산도 결국 사람 간의 거래이다. 그만큼 실제 만나보고 대화를 나누면서 이 사람이 실력 있는 사람인지, 얼마나 오래 이 지역에서 운영을 해 봤는지 알 수 있다. 소개팅에서도 만나기 전 카톡만으로 이 사람이 어떤지 알 수 없는 것처럼 말이다. 결국 관심 지역의 부동산을 얼마나 많이 다녔는가에 따라 달려 있다.

코너 부동산과 비슷하게 오래 그 자리를 지켜왔다는 것도 결국 많은 집주인과 인맥이 있고 거래도 꾸준히 성사시켜 왔다는 의미가 된다. 그렇다고 오래되었으니까 무조건 잘하는 부동산이라고 생각하지는 말길 바란다.

결국은 해당 중개인과의 대화를 통해 알 수 있는데, 대화를 통해 '아, 이 사람은 진짜이구나' 하는 기준이 생길 것이다. 이후 실력 있는 중개인에 대한 기준이 서게 되면 다른 중개인을 만났을 때도 이 중개인의 실력을 구별할 수 있는 감이 생길 것이다. 그런 중개인들은 알아서 가격도 협상해 주고 인터넷에 올라오지 않은 급매들을 본인들의 수첩에만 보유하고 있는 경우도 많다.

부동산 중개 수수료의 협상은 가능한가?

부동산 중개 수수료의 협상이 가능한지 묻는 사람들이 있다. 우리나라 법정 중개 수수료는 지역에 따라 다르다. 중개 수수료 계산은 '부동산계산기'의 중개보수에서 간단하게 알아볼 수 있다.

내가 9억에 아파트 거래를 했다고 해 보자. 그렇다면 부가세 포함해서 중개 수수료는 약 495만 원이다.

사실 중개하고 서류 몇 개 쓰는 것이 다인데, 495만 원이나 가져간다니 아깝다는 생각이 들기도 한다. 중개 수수료도 협상하고 싶은 생

부동산계산기

쉽게 중개수수료를 확인해볼 수 있다

계산서 1 📋 📄

#	적요	금액	비고
1	매매가	900,000,000	입력값
2	상한 요율	0.5%	9억 원 ~ 12억 원 상한요율 0.5%
3	**중개 수수료**	**4,500,000**	**기준금액 × 요율**
4	**부가세 포함**	**4,950,000**	**VAT 10%(450,000) 포함**

각이 들겠지만, 나중을 생각하면 도움이 되지 않는 행동이다.

예를 들어 월급이 495만 원인데, 다짜고짜 회사에서 요즘 사정이 좋지 않으니 월급을 450만 원만 주겠다고 한다면 어떻겠는가? 아마도 일할 의욕이 나지 않을 것이다.

부동산 중개인도 마찬가지이다. 물론 중개인이 그런 부분에 있어서 쿨하게 받아들이면 좋겠지만 아닌 경우에는 괜히 서로 얼굴 붉혀서 나중에 좋을 것이 없다. 법적으로 이 정도의 수고비로 줘야 한다고 정해진 것이기 때문에 억울해 하지 말고 법정 수수료만큼은 지급하자. 그래도 아깝다면 최대한 싸게 매수하는 것에 집중하라.

투자는 성공도 중요하지만
실패하지 않는 것이 더 중요하다.

부동산 Plus

· 임장은 지역과 매물, 두 단계로 나눠 접근하며, 지역의 대장아파트·상권·호재를 중심으로 코스를 짜야 한다.

· 매물 탐색 전에는 전화 임장으로 정보를 선별하고, 매수자·매도자·세입자 컨셉을 바꿔가며 시장 분위기와 실거래가를 파악한다.

· 중개소 방문은 두려움의 대상이 아니다. 미리 조사한 내용을 바탕으로 대화하고, 체크리스트를 활용해 입지, 단지 상태, 거래 흐름을 묻는다.

· 매물 방문 시에는 수리 상태, 조망, 소음, 관리 상태 등 눈에 보이지 않는 부분까지 꼼꼼히 확인한다.

· 협상은 감정이 아닌 전략이다. 선택지를 확보하고, 매도자의 상황에 맞춘 제안을 통해 유리한 거래를 끌어낸다.

부동산
체크리스트

□ 책을 참고하여 임장 코스를 스스로 짜 보았다.

□ 책을 읽고 내가 사는 동네 부동산에 컨셉별로 한 번씩 전화해 보았다.

□ 중개소에서 대화할 주제를 정리해 보았다.

□ 내가 사는 동네의 부동산 중개소를 한 번이라도 방문하였다.

4장

실패하지 않는
투자법

01

가격이 오를 만한
지역 찾는 방법

집을 사는 이유에는 크게 두 가지가 있다. 내가 살 집을 찾기 위해, 집으로 돈을 벌기 위해서이다. 그런데 내가 살 집을 사는 사람이라도 집의 가격이 내려가는 것이 상관없는 사람은 없을 것이다. 결국 부동산을 사는 사람은 모두 가격이 오르길 원한다. 그렇다면 가격이 오를 집은 어떻게 찾을 수 있을까?

바로 나무를 보기 전에 숲을 봐야 한다는 것이다. 가격이 오를 수 있는 지역에 집을 산다면 결국 내가 산 집도 오른다. 반면 가격이 오를 수 없는 지역에 집을 샀는데 내 집만 오를 가능성은 작다. 물론 그런 지역에서도 대장아파트나 호재가 있는 아파트는 가격이 오를 수도 있다. 하지만 그런 단지들은 이미 가격이 비쌀 것이다. 그래서 어떻게든 가격이 오를 만한 지역으로 들어가야 한다.

앞으로 가격이 오를 만한 지역은 다음의 세 가지 경우가 있다.

① 입지가 변화할 곳
② 지역이 새롭게 태어나는 곳
③ 입주물량이 많다가 줄어들 곳

입지가 변화할 곳

여기서 입지란 일자리와 교통을 의미한다. 일자리가 변화하는 곳의 대표적인 곳으로는 동탄이 있다. 동탄하면 대부분 생각하는 것이 GTX-A이다. 하지만 이것보다 동탄을 더 주목해야 하는 이유는 전국에

수도권 종사자 증가 수 TOP 10	
지역	2018년 대비 2023년 종사자 수 증감
서울특별시 강남구	104,616명
경기도 화성시	91,702명
경기도 성남시	62,515명
서울특별시 송파구	48,498명
경기도 용인시	48,267명
서울특별시 서초구	47,035명
서울특별시 강서구	44,669명
서울특별시 영등포구	41,986명
경기도 평택시	31,018명
경기도 김포시	30,245명

출처 고용노동부

서도 직장이 강남 다음으로 가장 빠르게 증가하는 곳이라는 사실이다.

99쪽의 표에서 알 수 있듯이 수도권에서 종사자 수가 가장 많이 증가한 10곳으로, 강남 다음이 화성시이다. 화성시 내에서도 가장 선호하는 주거지가 동탄이다. 이 외에도 용인 플랫폼시티가 들어서게 될 용인시, 앞으로 더 커질 판교를 품고 있는 성남시, 마곡지구를 품고 있는 강서구, 브레인시티, 고덕신도시 등을 품고 있는 평택시 등을 주목해 보길 바란다.

교통 입지 변화는 비록 지금의 교통은 좋지 않아도 앞으로 좋아질 지역에서 크게 나타나는 변화이다. GTX-A를 통해 변화할 파주, GTX-A 노선 다음 타자인 GTX-C 노선이 지나갈 인덕원, 평택, 월판선(월곶-판교선)이 지나갈 안양, 시흥 등을 들 수 있다. 보통 사람들은 지하철이 들어오면 무조건 가격이 오르는 줄 아는데 이건 위험한 생각이다. 그전에 다음을 먼저 고려해 봐야 한다.

· 해당 노선이 들어서면 그 지역의 직장 접근성이 얼마나 좋아지는가?
· 해당 노선이 언제쯤 개통을 할 수 있는가?

아무리 지하철 노선이 생겨도 주요 업무 지구인 강남, 판교, 여의도 등과의 접근성이 좋아지지 않는다면 가격에는 큰 의미가 없다. 대표적인 예로 우이신설선, 에버라인 등을 들 수 있다.

물론 해당 지역 주민들에게는 교통 편리성이 높아진 것은 사실이다. 다만 다른 지역 사람들이 이 지하철 노선 때문에 이사를 할 만큼 가치가 있는지를 봐야 한다. 우이신설선이 생겼어도 주요 업무 지구

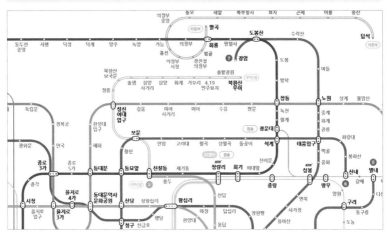

우이신설선

출처 네이버 지도

를 가려면 4호선 성신여대입구역이나 2호선 신설동역에서 갈아타야
한다. 결국 외부 사람이 보았을 때는 우이신설선이 생긴 성북구 일대
가 매수할 만큼 매력적으로 변한 것은 아니다.

또한 뉴스나 주변에서 'ㅇ노선이 언제쯤에는 개통한다더라'라고 하
더라도 교통 단계를 직접 살펴보고 보수적으로 검토해 보는 것이 좋
다. 예를 들어 GTX-B, GTX-C 노선은 모두 작년 초에 착공식을 진
행했다. 그렇다면 조만간 이 노선들이 들어서는 것일까? 착공식은 진
행했지만, 아직 착공조차 하지 못했다. GTX-C 노선은 2028년 개통,
GTX-B는 2030년 개통을 목표로 하고 있지만 분명히 몇 년 더 지연될
것이다.

또한 위례 시민들의 영원한 과제 위례신사선은 2008년부터 지금까
지 16년 넘게 민간개발로 추진 중이었으나, 2024년 12월 민간기업에

서 아무도 입찰하지 않아 다시 처음부터 시작하게 되었다. 이처럼 교통 호재가 있다는 말만 믿고 투자했다가는 긴 기다림의 시간을 겪을 수 있다.

지역이 새롭게 태어나는 곳

지역이 새롭게 태어나는 곳이란 낙후된 지역이 재건축, 재개발 등으로 인해 새롭게 태어나는 것을 의미한다. 한두 단지가 아닌 지역 자체가 변화하는 곳을 위주로 보면 되는데, 과거를 복기해 보자면 아현 뉴타운, 신길뉴타운, 장위뉴타운 등 낙후된 곳이 새롭게 태어나면서 지역의 위상이 달라졌다.

신길동은 영등포구에서도 가장 비선호하는 주거지역이었다. 하지만 뉴타운 개발로 일대에 여러 신축아파트가 들어섰고, 지금은 여의도 다음으로 선호하는 입지가 되었다. 이렇게 낙후된 곳이 개발된다

2017년 개발되기 전 신길뉴타운

개발된 후 현재 신길뉴타운

면 지역의 위상이 달라진다. 위상이 달라짐에 따라 그만큼 가격이 상위 급지와 비슷해지게 된다. 다음 차례는 광명이 될 것으로 보인다. 현재 광명은 수지, 안양 평촌과 비슷한 위상을 보이는데, 이 일대 재개발이 끝나면 확실한 상위 급지로 부상하게 될 것이다.

대규모 정비 사업이 이루어지고 있는 광명

출처 리치고

입주물량이 많다가 줄어들 곳

마지막으로 입주물량이 많다가 줄어드는 곳을 주목하라. 입주물량이란 새 아파트가 들어서는 물량을 의미한다. 대표적인 예로 인천과 대구를 들 수 있다.

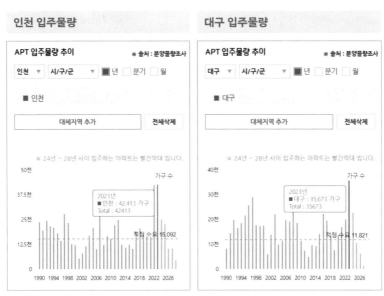

출처 아실

인천과 대구는 모두 2023년 입주물량 폭탄을 맞았다. 그래프의 빨간선이 적정 수요인데, 2024년도 수요보다 많은 입주물량이 있다. 하지만 이후로는 입주물량이 줄어들 예정이다. 하지만 공급이 줄어들어도 이를 뒷받침할 수요가 적다면 의미가 없을 것이다. 이를 확실히 알 수 있는 것이 바로 전세가이다.

인천의 매매전세지수

대구의 매매전세지수

출처 아실

인천과 대구의 매매전세지수를 나타낸 그래프에서 파란색이 매매, 주황색이 전세인데, 해당 그래프가 상승하면 가격이 상승세로 돌아섰다고 보면 된다. 놀랍게도 인천은 입주물량이 많은 2023년부터 전세가가 상승하기 시작했다. 인천은 서울·경기의 수요를 받는 배후 수요지이기 때문이다. 더 중요한 것은 앞으로 인천뿐만 아니라 서울과 경기도의 입주물량이 줄어들 예정이기 때문에 전세가 더 오를 것으로 보인다는 것이다. 전세가가 올라가면 결국 매매가에도 영향을 주게될 것이다.

반면 대구는 아직 전세가가 하락하는 모습을 보인다. 아직까진 공급 대비 수요가 부족하다는 의미가 된다. 공급이 앞으로 2~3년 안에 줄어들고 전세가가 오르는 지역이 있다면, 그 지역은 앞으로 오르는 지역이 될 것이다.

지금까지 살펴본 세 가지 경우와 가용자금 내에서 매매할 수 있는

APT 입주물량 추이

※ 출처 : 분양물량조사

출처 아실

아파트가 있는 지역을 추려라. 그리고 그 안에서 가장 좋은 입지 지역부터 임장을 시작해 보자. 입지를 읽는 방법은 다음 챕터에서 살펴보겠지만, 입지가 좋은 곳부터 봐야 하는 이유는 앞으로 상위 급지와 하위 급지의 격차가 더 벌어질 것으로 보이기 때문이다.

예전에는 전세가율이 높은 지역, 아직 가격이 오르지 않은 지역 등 가격이 오를 만한 지역에 대한 다양한 의견이 있었다. 하지만 우리나라는 앞으로 인구가 줄어들 것이라는 예측이 우세인데, 인구가 줄어든다는 의미는 사람들이 선호하는 지역은 살아남지만 그렇지 않은 지역은 점점 수요가 없어진다는 의미이기도 하다. 그래서 이미 입지가 좋은 곳이 가격이 올랐어도 엄청나게 폭등한 것이 아니라면 입지가 좋은 곳을 선택하는 것이 좋다.

02

입지를 읽는 방법

부린이라도 부동산은 입지라는 이야기를 많이 들어봤을 것이다. 과연 입지란 무엇일까? 쉽게 말해 부동산이 있는 위치를 의미한다. 내가 사는 집을 예로 들어보자. 우리 집 근처에 좋은 일자리가 많은지, 강남과 같은 주요 업무 지구로의 교통은 편리한지, 학군이 좋아서 학부모가 선호하는지, 주변에 마트나 병원, 도서관 등이 많아서 거주하는데 편리한지 등이 해당한다. 그럼 하나씩 살펴보자.

직장(일자리)

내가 살 집을 매매하려고 할 때 가장 먼저 생각하는 것이 뭘까? 아마도 직장과 가까운지를 살펴볼 것이다. 그만큼 직장은 입지 중에서도 가장 중요한 요소인데, 직장을 입지로 살펴볼 때는 다음 세 가지를 주의해서 판단하는 것이 좋다.

① 내 직장보단 많은 사람의 직장이 있는 곳
② 양질의 일자리가 있는 곳
③ 일자리가 증가하고 있는 곳

내 직장이 수원에 있다고 가정하면 나에게는 수원이 실거주하기에 좋은 지역일 것이다. 그렇다면 대부분의 다른 사람들도 수원을 실거주 1순위로 생각할까? 당연히 가장 많은 일자리가 있는 지역일 것이다.

고용노동부 자료에 따라 가장 종사자 수가 많은 수도권 지역 순위

수도권 종사자 수 순위 TOP 10

2023년 기준	지역	종사자 수
서울	강남구	764,595
경기	화성시	500,939
경기	성남시	477,451
서울	서초구	453,955
경기	수원시	401,102
서울	영등포구	377,402
서울	송파구	351,414
경기	용인시	345,066
서울	중구	330,798
경기	고양시	294,346

출처 고용노동부

를 나타낸 표이다. 화성시가 많이 성장하고 있지만 대한민국에서 압도적으로 종사자 수가 많은 지역은 바로 강남이다. 일자리가 많을수록 그 지역에 살고 싶어 하는 수요가 높다고 보면 된다. 그런데 화성시의 일자리가 성남이나 서초보다 많으면 당연히 더 비싸야 하는 것이 아닌가 하는 의문이 생긴다.

이는 양질의 일자리 즉 종사자 수 500명 이상인 대기업이 성남, 서

수도권 500인 이상 기업체 수

2021년 기준	기업체 수
강남구	112
영등포구	93
서초구	79
중구	78
성남시	72
종로구	60
송파구	55
수원시	41
강서구	37
마포구	34
용인시	29
화성시	28
용산구	25
금천구	24

출처 고용노동부

수도권 일자리 종합 순위(5점 만점 기준)

지역별 순위	양	질	성장세	종합 점수
1. 강남구	5점	5점	5점	15점
2. 성남시	4점	3점	4점	11점
3. 서초구	4점	3점	3점	10점
4. 화성시	4점	1점	5점	10점
5. 영등포구	3점	4점	3점	10점
6. 송파구	3점	2점	3점	8점
7. 수원시	4점	1점	1점	6점

초에 더 많기 때문이다. 아무리 일자리가 많더라도 좋은 직장, 양질의 일자리가 많은 지역의 주택을 사려는 사람의 소득 수준이 높을 수밖에 없을 것이다. 일자리는 양과 질 그리고 성장세 모두를 조사해야 한다. 그래서 종합적으로 고려하려 일자리의 등급을 정리하면 강남이 압도적이다.

그래서 사람들이 '부동산은 무조건 강남이지' 하는 소리를 하는 것이다. 물론 앞으로도 다루겠지만 강남은 다른 입지 요소도 압도적이다.

교통

그러면 과천이나 하남처럼 직장이나 일자리가 별로 없어 보이는 곳은 왜 이렇게 비싼 걸까? 바로 교통이다. 교통을 중요시하는 이유는 직장까지 얼마나 편하게 빨리 갈 수 있는지를 보기 때문이다. 직장이 강남이나 성남에 많다고 모두가 직장 근처에서 살 수는 없다.

교통은 확인하기 어려운 것이 없다. 내가 관심 있는 지역에서 서울의 주요 업무 지구까지 얼마나 걸리는지 지도 앱을 통해 검색해 보면 된다. 특히 앞에서 살펴본 직장이 많은 강남까지 얼마나 걸리는 지가 중요하다. 30분 내로 강남 접근이 가능하다면 강남에 사는 것만큼이나 가깝다는 의미이다. 그러면 해당 지역은 직장 입지 요소가 좋지 않아도 강남 가격만큼 높은 가격대를 형성하고 있을 것이다. 대표적으로는 반포, 잠실 등이 있다. 여기서 한 가지 더 살펴보면 얼마나 편하게 갈 수 있는지도 꼭 체크해 보길 바란다. 특히 실거주의 집을 구할 때 중요한데, 한 번 사면 최소 몇 년은 거주하는 집이기 때문에 꼼꼼히 봐야 한다.

· 중간에 끼어 있는 역들보다 끝 역이 앉아 갈 수 있어서 더 낫다.
· 시간은 더 걸리더라도 환승을 안 하고 한 번에 가는 것이 낫다.

학군

학군을 이야기할 때 항상 이런 질문을 던지는 사람이 있다.

"앞으로 애들이 줄어들어서 학군은 의미 없지 않나요?"

하지만 이는 단편적인 생각이다. 예전에는 한집에 2~3명의 자녀를 낳았다면 지금은 많아야 1명을 낳는 수준이다. 그만큼 여러 자녀에게 쏟을 정성을 1명의 자녀에게 쏟는다. 그래서 절대적인 인구는 줄어도 자녀의 학업에 관한 관심은 더 높아질 것이다. 학군은 다음의 세 가지를 고려하면 된다.

① 중학교 학업성취도

② 초등학교 배정

③ 학원가의 규모

학군의 다른 말은 해당 학교에 배정되는 아이들의 수준이다. 즉 해당 지역이 새롭게 변화해서 인구가 완전히 바뀌지 않는 이상 학군은 크게 변하지 않는 경향이 있다.

우리나라 부모가 학군을 중요시하는 이유는 무엇일까? 우리 아이가 공부를 잘했으면 하는 바람도 있겠지만 우리 아이가 괜찮은 아이들과 학교생활을 했으면 하는 마음이 크기 때문이다.

그래서 해당 지역의 평균적인 학업성취도를 통해 '이 지역의 아이

아실 앱에서 중학교 학업성취도를 검색한 모습

들 수준은 괜찮은지' 파악해 볼 수 있다. 대표적으로 평균 학업성취도가 높은 곳을 보면 다음과 같다.

- · 95% 이상인 곳 : 강남구, 성남 분당, 서초구, 양천구 목동
- · 90% 이상인 곳 : 송파구, 안양 평촌, 용인 수지, 수원 영통

　다음으로는 초등학교 배정과 초품아 유무이다. 임대아파트, 빌라촌과 함께 초등학교 배정이 되는지도 파악해야 한다.

　초등학교 배정은 네이버페이 부동산 > 학군 > 초등학교를 클릭하면 알아볼 수 있다. 예를 들어 강동롯데캐슬퍼스트는 명덕초등학교에 배정이 되며, 명덕초등학교는 주변의 아파트에 사는 아이들만 배정된다.

　반면 롯데캐슬 맞은편 프라이어팰리스아파트는 명일초에 배정이된다. 지도의 숫자들은 빌라 매물을 뜻하는데 명일초는 빌라에 사는

명덕초 배정 단지들

출처 네이버페이 부동산

아이들도 함께 배정이 된다. 슬픈 이야기지만 현장에서는 이러한 부분도 학군을 중요시하는 실수요자에게 중요하게 작용하는 부분이라고 한다.

명일초 배정 단지들

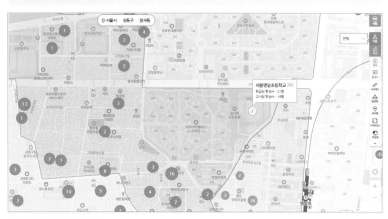

출처 네이버페이 부동산

하지만 프라이어팰리스아파트는 초품아 아파트라는 강점이 있다. 초품아 아파트라고 반드시 단지 내에 초등학교가 있을 필요는 없다. 중요한 것은 초등학교를 길을 건너지 않고 갈 수 있는지의 유무이다.

프라리어팰리스아파트는 정문을 나와서 길을 건너지 않고 명일초를 등교할 수 있기 때문에 초품아 아파트이다. 반면 롯데캐슬은 바로 앞에 명덕초가 있지만 도로를 건너가야 하므로 초품아 아파트라고 볼 수는 없다.

다음으로는 학원가의 규모이다. 우리나라는 사교육 공화국이라고 할 정도로 사교육에 대한 중요도가 높은 편이다. 오죽하면 방학 때 대표 학원가 근처로 아이들을 전입시키는 일도 있다고 한다. 그렇다면 우리나라의 주요 학원가는 어디가 있을까?

수도권 학원가 규모 순위

학원가	학원 수
대치동 학원가	929개
목동 학원가	536개
분당 학원가	319개
평촌 학원가	317개
송도 학원가	301개
중계동 학원가	223개
일산 후곡마을 학원가	203개
방이동 학원가	162개

직장이나 교통뿐만 아니라 학군에서까지 강남 대치동이 압도적인 위상을 보이고 있음을 알 수 있다. 입지 요소 중에서 가장 중요한 직장, 교육이 좋은 수준을 넘어 다른 지역과 비교할 수 없을 정도로 압도적이니 강남 부동산은 항상 비쌀 수밖에 없는 것이다.

환경

환경에는 주변에 마트나 병원 등 편의시설이 얼마나 있는지, 공원이나 호수 등 자연환경이 좋은지 등을 들 수 있다. 특히나 이 환경적인 요소가 요즘 많이 중요해지고 있는데, 대표적으로 부동산 시장이 좋지 않아도 신고가를 찍고 있는 한강 뷰 아파트, 역세권은 아니지만 호수 뷰가 보여 대장아파트의 위상을 차지하고 있는 광교의 중흥S클래스, 교통 호재뿐만 아니라 스타필드 입점으로 가격이 상승했던 화서역푸르지오브리시엘 등이 각 지역의 대장아파트 역할을 하는 것을 보면 알 수 있다.

송파구 잠실동의 지적 편집도, 붉은 부분을 상권으로 보면 된다

출처 카카오맵

나는 먼저 카카오맵의 지적 편집도를 통해 이 지역의 상권은 어디인지 개략적으로 파악해 보는 편이다.

붉은색으로 나오는 부분이 해당 지역의 주요 상권이라 보면 된다. 선호하는 상권에는 병원, 마트, 은행 등이 있다. 반면 선호하지 않는 상권으로는 술집, 숙박업소, 노래방, 당구장 등이 있다. 이런 부분을 실제 임장하면서 느껴 보면 된다.

지금까지의 네 가지 입지 요소를 파악하고 지역별로 등급을 매겨보라. 물론 대부분 지역의 입지 등급은 어느 정도 다 나와 있다. 인터

서울 주요 구별 입지 점수

입지 요소	강남구	성동구	마포구	동작구
직장(10)	5점(50)	4점(40)	4점(40)	3점(30)
교통(9)	5점(45)	4점(36)	3점(27)	4점(36)
학군(7)	5점(35)	4점(28)	4점(28)	3점(21)
환경(5)	5점(25)	4점(20)	4점(20)	3점(15)
총점	170	124	115	102

넷에 '부동산 급지'만 검색해도 정말 많은 자료가 있을 것이다. 그렇기에 굳이 다시 언급은 하지 않겠다. 다만 최소 한 번이라도 지금까지의 지역 중에서 맘에 드는 지역의 입지를 분석해 보는 것이 좋다.

또한 내가 사는 지역의 입지를 분석해 보는 것도 좋을 것이다. 아무리 지역의 급지를 알아도 왜 이 지역이 이렇게 높은 급지를 형성하고 있는지 이유는 알아야 하기 때문이다. 입지를 조사하는 것은 나중에 실제로 사는 아파트를 고를 때도 유용하게 활용된다는 점을 명심하자.

03

수많은 아파트 중
어디를 사야 하나

앞에서 오를 만한 지역을 선택하는 방법을 배웠다. 그렇다면 그 지역
내에서도 어떤 아파트를 사는 것이 좋을까? 지금 가지고 있는 자금 내
에 살 수 있는 아파트가 여러 개 있을 것이다. 그중에서 제일 비싼 아
파트를 사는 것이 좋을까? 아니다. 지역이라는 숲을 보고 아파트라는
나무를 찾을 때는 다른 관점으로 봐야 한다. 바로 아직 오르지 않은
단지를 찾는 것이다.

　오를 수 있는 지역을 찾았다면 그 지역 내에서도 서열에 따라 가격
이 오르게 된다. 가장 좋은 아파트, 흔히 말하는 대장아파트가 가격이
오르고 그다음 순번인 아파트 순으로 말이다. 중간에 '어떤' 부동산 시
장의 흐름에 따라 상승의 흐름이 끊기면 다음 시기를 기다려야 한다.

　다음의 가격 비교 그래프를 살펴보자. 한 지역의 25평대 아파트 실

아직 상승 흐름이 오지 않은 검은색 단지

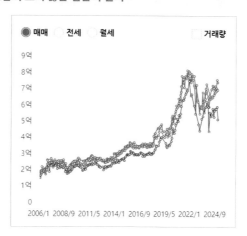

출처 아실

거래가를 비교한 것인데 빨간색, 파란색 단지는 이번 상승장에 가격이 반등했으나, 검은색 단지는 아직 가격이 반등하지 못한 상황이다. 만약 해당 지역이 나중에 가격이 올라갈 것으로 판단했다면 검은색 단지를 선택하는 것이 수익 측면에서는 더 나은 선택이 된다.

아직 가격이 오르지 않은 단지는 어떻게 찾을 수 있을까? 앞에서 설명한 대로 비교를 하는 것이다. 아파트별 가격 비교는 아실 앱의 여러 단지비교 탭에서 할 수 있다(120쪽 그림 참고).

신발을 산다고 생각해 보자. 같은 사이즈, 비슷한 발매 일자의 운동화 중에서 최대한 가성비 있는 상품을 찾기 위해 노력할 것이다. 여기서 가성비란 가격 대비 성능이나 디자인이 좋은 물건을 말한다. 아파트도 마찬가지이다. 같은 평형, 비슷한 입주 연도의 아파트 가격 대비 성능을 비교해 보는 것이다. 아파트의 성능이란 바로 아파트의 입지

아파트 가격 비교를 하는 방법

출처 아실

요소이다. 아파트의 디자인은 아파트의 브랜드, 세대수, 주차대수 등을 의미한다. 하지만 그간의 경험으로 보았을 때 가장 중요한 것은 해당 아파트의 입지 요소이다.

	A 지역 가 단지	B 지역 나 단지	C 지역 다 단지
2016년 실거래가	3.5억	3.5억	3.5억
교통(강남까지)	54분	37분	46분
학군(중학교 학업성취도)	81%	90%	82%(초품아)
2024년 실거래가	6.2억	7억	6.4억

예를 들어 2016년 다음과 같이 같은 가격인 세 개의 단지가 있었다. 어떤 단지를 사는 것이 최선의 선택이었을까?

같은 가격이었지만 가장 입지가 좋은 '나' 단지가 가장 높은 수익을 보였다. 앞에서 지역의 입지를 분석하는 방법을 배운 이유가 바로 이 때문이다.

다양한 단지를 비교하기 위해서 중요한 것은 내가 얼마나 많은 지역을 알고 임장을 해 보았는가이다. 물론 그렇다고 '비슷한 가격대 아파트가 있는 모든 지역을 비교하겠다'라는 것은 욕심이다. 너무 욕심을 내면 오히려 실제로 실행하지 못할 확률이 높다. 내가 알고 있는 두세 군데만 정하고 그 안에서 비교해서 결정하는 것이 실제 실행할 확률이 높다.

영수는 A, B, C 지역을 선정하였고 해당 지역을 모두 임장해 보았으며 그 안에서도 다양한 아파트를 비교 평가하였다. 그렇게 해서 나 단지를 선택하였다. 반면 영희는 A, C 지역만 임장하였고 최종적으로는 다 단지를 선택하였다. 그 차이는 6천만 원이라는 상승의 차이를 가져왔다.

매매가가 6~7억대 아파트라 6천만 원의 차이이지만, 만약 20억대 아파트였으면 격차가 훨씬 크게 벌어졌을 것이다. 한 번의 선택으로 몇천만 원에서 몇억의 수익 차이가 나는데, 할 수 있는 최선의 노력을 다해야 하지 않을까?

같은 아파트 내에서도
저평가가 있다?

다양한 지역 또는 같은 지역 내에서 아파트를 비교해 보면서 저평가된 아파트를 찾아보았다. 그런데 한 단지 내에서도 저평가가 되는 경우가 있다. 바로 평형 간 저평가이다. 다음 가격 비교를 살펴보자.

경기도의 A 신축아파트

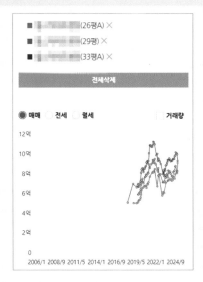

출처 아실

경기도의 한 신축아파트의 평형으로 보면 당연히 33평 〉 29평 〉 26평 순으로 가격이 형성되어야 한다. 그런데 중간중간 평형별로 가격 격차가 줄어드는 시기가 있다. 이런 시기에 29평을 26평 가격에 산다면 살 때부터 충분히 안전마진을 가지고 들어갈 수 있는 것이다. 물론 여기서 주의할 점은 아무리 29평이 26평 가격이더라도 29평의 수요가 없어서 가격을 내려 파는 것인지를 살펴보아야 한다. 네이버페이 부동산에서 해당 평형의 최근 실거래가를 살펴봤을 때, 최근 3개월 동안 꾸준히 거래가 이어지고 있다면 충분히 수요가 있는 평형으로 볼 수 있다. 여러 지역의 가격 비교를 통해 한 단지를 정했다면 해당 단지 내에서도 다시 한번 저평가된 평형이 없는지 체크해 보자.

29평형의 실거래가

매매 실거래가		2024.12. 국토교통부 기준
계약월	매매가	
2024.11.	**9억 1,000(2일,24층)**	
2024.10.	8억 9,500(23일,25층)	7억 2,000(9일 20층) 계약취소
2024.08.	8억 9,500(22일,16층)	8억 6,500(9일,11층)
2024.07.	8억 8,500(25일,21층)	8억 5,000(20일,22층)
	8억 8,000(20일,8층)	8억 8,400(20일,24층)
	8억 8,000(6일,22층)	8억 7,800(4일,23층)
2024.06.	8억 5,000(26일,12층)	8억 2,900(21일,9층)
	8억 2,900(14일,14층)	8억 2,500(3일,9층)
2024.05.	8억 2,800(31일,21층)	8억 3,000(15일,7층)

출처 네이버페이 부동산

실패하지 않는
부동산 투자 검토 방법

부동산 투자에 실패하는 이유는 무엇일까? 대표적으로는 상승장에 더 올라갈 줄 알고 아무 물건이나 사는 경우와 나만의 기준이 없이 부동산 중개인이나 주변 추천으로 물건을 사는 경우이다. 그만큼 자기만의 부동산 매수 기준이 있어야 다른 사람의 말에 흔들리지 않을 수 있다.

하지만 이제 막 부동산에 관심을 가진 사람에게 이런 기준이 있을 리 없다. 그래서 그동안의 시행착오를 거쳐 정립한 나의 '부동산 필수 매수 기준'을 이번 챕터에서 소개하고자 한다.

① 저평가 : 저평가된 자산을 사는가?

② 원금 보전성 : 내 투자금 손해를 보진 않는가?

③ 수익성 : 투자하면 수익이 날 수 있는가?

④ 환금성 : 나중에 투자금을 회수할 수 있는가?

⑤ 리스크 관리 : 투자에 너무 큰 리스크가 있지는 않은가?

저평가

부동산, 주식 등 투자에 대해 부정적인 생각을 하는 사람들은 대부분 이런 말을 한다.

"투기꾼들 다 없어져야 해."

투자와 투기의 차이는 무엇일까? 개인적으로 그 차이를, 살 때부터 싸다고 판단해서 사는 것은 '투자', 막연히 오를 것으로 생각하고 사는 것을 '투기'라 생각한다. 여기 교통 호재가 있으니 올라가겠지 하고 판단 없이 사는 것은 투기고, 교통 호재뿐만 아니라 다른 지역과 입지 대비 가격이 저렴하기도 하다고 생각해서 사면 투자이다.

결국 진정한 투자를 하기 위해서는 저평가를 보는 안목이 필요하다. 앞에서 비교 평가를 통해 저평가 여부를 판단하는 방법을 살펴보았다면 다음으로는 전세가율을 봐야 한다. 전세가율이란 이 아파트의 매매가 대비 전세값이 얼마나 되는지를 의미한다. 매매가는 통상 '사용 가치 + 기대 가치(투자 가격)'를 반영하고 전세가는 사용 가치만을 반영한다.

전세가율이란

$$\frac{전세가}{매매가} = \frac{빌리는\ 가격}{빌리는\ 가격 + 투자\ 가격}$$

결국 전세가는 매매가를 절대 넘을 수 없게 된다. 명품을 예를 들면, 명품을 1년간 빌리는 비용보다 사는 비용이 저렴하다면 어떨까? 당연히 빌리기보단 명품을 살 것이다. 다만 그 명품이 짝퉁이거나 가치가 낮은 명품이라면 이야기가 달라진다. 부동산으로 치면 짝퉁은 인기가 없는 단지로 볼 수 있다. 사면 가격이 더 떨어질 것 같으니 그냥 잠깐 빌리는 것이다.

게다가 전세는 나중에 돈도 돌려받기 때문에 손해 볼 것도 없다(물론 화폐 가치 하락은 되겠지만 말이다). 즉 전세가율이 높다는 말은 투자 가격이 덜 끼어 있다는 것을 의미한다. 다만 지금은 내가 보고 있는 단지의 전세가율이 낮은 건지 높은 건지 판단하기가 모호해졌다. 급등기인 2020년 전까지만 하더라도 전세가율이 높은 단지가 저평가되

수도권의 단지로 2017년을 기준으로 매매와 전세 차이가 매우 벌어졌다

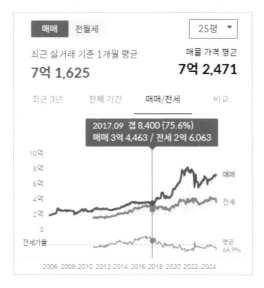

출처 호갱노노

126

있다고 볼 수 있었나.

하지만 현재는 대부분 수도권 단지들의 전세가율이 50~70%대이다. 일부 단지 중에 80% 이상인 단지들이 있지만 이 단지들은 저평가되었다기보단 수요가 줄어들었다고 보는 것이 맞다. 그래서 지금은 해당 단지의 전세가율이 올라가고 있는지 내려가고 있는지를 봐야 한다. 쉽게 말해서 매매가는 정체되거나 조금 올랐는데 전세가 많이 오르고 있는지를 보는 것이다.

전세가율을 볼 때 한가지 예외 사항은 바로 재건축 아파트이다. 재건축 아파트를 볼 때는 전세가율은 의미가 없다. 왜냐하면 재건축될 아파트라는 것은 이미 낡은 아파트라는 의미이고 빌리는 가격인 전세 값이 낮을 수밖에 없다.

대표적인 재건축 아파트인 대치동은마는 전세가율이 24.3%로 상당히 낮다

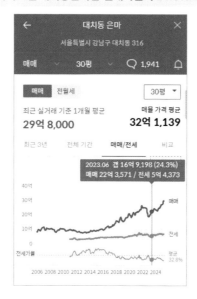

출처 호갱노노

예를 들어 차를 빌릴 때도 신차를 빌리지 오래된 차를 빌리지는 않는다. 이런 지역은 전세값은 낮아도 재건축에 대한 기대감으로 매매가는 높게 형성이 되어 있다. 매매가는 높고 전세가는 낮으니 전세가율은 엄청 낮다.

그래서 재건축 아파트는 전세가율을 보지 말고 해당 아파트의 사업성이나 입지를 봐야 한다.

원금 보전성

원금 보전성이란 내가 투자한 금액을 나중에 돌려받을 수 있을지를 의미한다. 쉽게 말해 수익까지는 몰라도 적어도 손해는 보지 않기 위해 체크하는 부분이다. 부동산 분야에서 예전부터 나오는 질문이 있다.

"사는 게 중요해요? 파는 게 중요해요?"

뭐가 더 중요하다고 생각하는가? 이때까지 내 경험에 의하면, 사는 것을 잘 사면 파는 것도 걱정이 없었다. 예를 들어 시세가 3억인 단지를 급매로 2.5억에 샀다고 해 보자. 그러면 나중에 이 물건을 팔려고 할 때 아무리 시장이 안 좋아도 2.8억에 내놓으면 수월하게 팔 수 있다.

반면 시세대로 3억에 샀다면 2.8억에 팔기는 정말 쉽지 않다. 사람 심리가 손해 보기는 싫기 때문이다. 가격을 내려서 팔기는 싫고 그렇다고 그 가격에 안 내놓으면 팔릴 가능성이 없기에 악순환의 반복이 된다.

그래서 처음 살 때부터 시세보다 싸게 사는지를 검토하라. 여기서 '시세보다 싸게'란 최근 3개월 중층(4층) 이상 실거래가 중 최저가라고 보면 된다. 예를 들어 25평의 3개월 실거래가 중 중층 최저가는 2024

출처 네이버페이 부동산

년 10월 5일에 거래된 3.75억이다. 현재 이 단지 매물은 얼마에 나와 있을까? 최저가 매물이 4억이다. 내가 이 매물을 4억이나 또는 조금 깎아서 3.9억에 산다면, 싸게 산다고 보기는 어렵다.

그런데 당신이 이런 방법으로 매물을 찾아본다면 대부분 실거래가 보다는 비쌀 것이다. 당연하다. 요즘은 누구든지 아파트 실거래가를 쉽게 검색해 볼 수 있다. 집주인도 바보가 아닌 이상 당연히 실거래가 보다 비싸게 팔고 싶을 것이다. 그래서 가격 협상이 가능한 매물을 최대한 협상해서 사거나 애초에 싸게 나온 급매 매물을 잡아야 한다. 만약 그러한 노력을 했어도 살 수 있는 매물이 없다면 다른 단지에서 똑같은 노력을 하면 된다.

다음으로는 내가 사려는 단지가 전고점을 돌파했는지 살펴보라. 내가 사려는 아파트가 2000년에 지어진 아파트라면, 2000년부터 지금까지 이 아파트의 가장 비싼 실거래가를 '전고점'이라고 한다. 보통 수요가 있는 입지의 아파트라면 앞에서 설명했던 것처럼 인플레이션 만큼 가격이 우상향한다. 그래서 아직 전고점을 넘지 못했더라도 결국에는 전고점을 넘을 수밖에 없다. 물론 앞으로 점점 수요가 줄어들 입지가 좋지 않은 아파트는 해당하지 않을 것이다.

그럼 전고점이 넘은 단지는 사면 안 되는 걸까?

부동산 분야에서 자주 등장하는 단지 중에 헬리오시티라는 곳이 있다. 불과 몇 년 전까지만 해도 우리나라에서 가장 큰 대단지이자 송파구의 신축아파트로 유명한 단지이다. 해당 단지의 전고점은 2022년 1월경에 기록한 23.7억이다. 그런데 현재 실거래를 보면 거의 전고점

이미 전고점에 다다른 헬리오시티

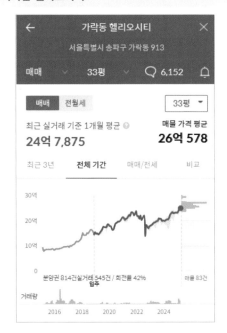

출처 호갱노노

에 도달한 모습을 보인다(물론 이 책이 나올 때는 달라질 수 있다). 그렇다면 해당 아파트를 사면 안 되는 것일까?

가격으로 봤을 때는 헬리오시티가 저평가되었다고 보기 힘들다. 그렇기에 투자 관점으로는 다른 저평가된 단지를 사는 것이 맞다. 하지만 실거주의 관점에서 보면 다르다. 당연히 입지가 좋은 곳에 사는 것이 실거주적인 만족도가 높기 때문이다.

여기에 더해 이런 수요가 높은 단지는 장기적으로 봤을 때는 전고점을 넘어 우상향할 확률이 높다. 그래서 실거주, 투자 중 어떤 부분에 우선순위를 두고 있는지에 따라 판단하길 바란다. 실거주 관점에 더 중점을 두고 있다면 전고점 여부는 참고만 하면 된다.

반면 투자적인 관점에 더 중점을 두고 있다면 전고점을 아직 돌파하지 않은 단지 중에서 선택을 하길 바란다.

마지막으로 너무 단기간에 급등한 아파트는 조심하는 것이 좋다. 부동산을 떠나서 어떤 투자 상품이든지 간에 단기간 급등하면 조정을 받을 수밖에 없다.

대표적인 예로 최근에 많은 이슈를 끌고 있는 1기 신도시 선도지구 지정단지를 들 수 있다. 1기 신도시는 1990년 초 노태우 정부 때 서울에 부족한 집을 해소하기 위해 서울 인근의 5개 도시 분당, 일산, 부천 중상동, 평촌, 산본에 만든 약 30만 호 규모의 신도시를 말한다.

국가에서 만든 이 신도시가 벌써 30년이 넘어가는 시기이기 때문에 국토교통부에서는 그냥 방치할 수 없었을 것이다. 이에 몇 개 단지를 정해서 빠르게 재건축을 진행하겠다고, 2024년 11월 30일에 선도지구를 선정하였다. 지정된 단지들은 선정 이후 매물이 없어지고 호

1기 신도시 다섯 군데의 개요

지역	단지 수	가구 수	최초 입주
분당	136	9만 4600	1991년 9월
일산	134	6만 3100	1992년 9월
평촌	54	4만 1400	1992년 3월
산본	41	4만 1400	1992년 4월
중동	49	4만 500	1993년 2월

가가 급등하는 모습을 보였다.

그렇다면 재건축이 될 예정이기에 지금 이 매물들을 사는 것이 좋을까? 물론 장기적으로 보면 1기 신도시는 재건축이 될 수밖에 없다. 다만 그 기간은 아직 한참 남았다고 본다.

국토교통부가 발표한 1기 신도시 선도지구 계획에 보면, 선도지구는 2030년 입주를 목표로 한다고 한다. 그런데 지금 멀쩡히 잘 있는 분당 아파트를 부수고 다시 짓는데 5년 만에 완성한다? 과언 가능한 일인지 한번 생각해 보자.

1,000세대 아파트라고 하면 해당 아파트를 부쉈을 때 주민들이 살 공간이 필요하다. 1,000세대지만 1세대에 최소 2~3명은 거주할 것이기 때문에 2~3,000명 주민이 살 공간이 필요하다는 이야기이다.

또 해당 단지 내에서 영업을 하는 상인들은 해당 기간 내 영업하지 못하기 때문에 반대하는 세력이 반드시 생기게 된다. 비록 지금은 주민 동의율이 90%를 넘었다고 하더라도 진행 과정에서 반대하는 사람들이 생기게 마련이다. 재건축은 넘어야 할 산이 많아서 5년이라는 단기간에 진행되기는 어렵다.

수익성

수익성이란 내가 이 단지에 투자해서 최대한의 수익을 낼 수 있을지를 의미한다. 이때는 4년 이상 장기로 가져갈 물건인지, 2~4년 중기로 가져갈 것인지, 2년 이하 단기로 가져갈 것인지에 따라 계산을 달리해야 한다.

장기로 가져갈 것이라면 가격이 오를 만한 지역인지를 판단하면 된다. 중기로 가져갈 것이라면 매매하는 시기가 어느 시기인지 살펴보는 것이 좋다. 부동산 시장은 사이클이 있으므로 사는 시기가 겨울이라면 팔 때는 봄이나 초여름이 될 확률이 높기 때문이다.

반면 사는 시기가 엄청 뜨거운 불장이라면 팔 때는 그 분위기가 꺾일 확률이 높다. 그래서 비수기나 부동산 시장 분위기가 좋지 않을 때 매수를 하는 것이 좋다. 보통 비수기라 하면 여름 휴가철인 7~8월이나 연말 시기인 11월~1월을 본다.

1년 미만	양도세 70%
1년 이상~2년 미만	양도세 60%

마지막으로 2년 이하 단기로 가져가는 경우라면 사실 개인 명의로 하기에는 쉽지 않다. 왜냐하면 2년 이하는 투기라고 정부에서 규정하고, 그 기간 이내로 팔면 양도세를 엄청나게 책정하기 때문이다(여기에 양도세 10%인 지방소득세까지 내야 한다).

집을 사고 6개월 만에 집값 1억이 올랐다고 치자. 그리고 1년이 안 되서 팔면 양도차익 1억의 70%인 7천만 원을 세금으로 내야 한다. 여기에 지방세까지 포함하면 거의 8천만 원가량의 세금을 내야 한다. 이걸 듣고 설마 그래도 2천만 원은 남지 않았느냐 하는 사람은 없을 것이다.

하지만 이때도 방법이 없는 것은 아니다. 바로 법인이나 사업자를 내서 거래하는 방법이다. 단기로 매매하면 현재 시세보다 싸게 사서 시세대로 팔면 된다. 이를 위해 주로 경매나 급매를 매수하는 편이다.

환금성

환금성이란 내가 사는 이 집이 나중에 잘 팔릴지를 알아보는 것이다. 매수는 내가 선택해서 하는 거지만 매도는 누군가의 선택을 받아야 한다. 그만큼 더 쉽지 않은 것이 매도이기 때문에 최대한 잘 팔릴 만한 집을 사는 것이 중요하다.

첫째, 층수는 최소 4층 이상을 선택한다. 저층도 물론 팔리긴 하지만 중층보다는 팔기가 힘들다. 또한 1990년대에 지어진 구축아파트는 최상층도 조심할 필요가 있다. 구축아파트의 최상층은 누수가 있거나 여름에는 덥고 겨울에는 추운 경우가 많다. 물론 이를 상쇄할 만한 조망이 좋다거나 다락방 등이 있다면 괜찮다. 해당 요소를 원하는 수요는 항상 있기 때문이다.

둘째, 최소 200세대 이상이 되는 아파트를 선택하라. 세대수가 너무 작으면 커뮤니티 시설이나 관리가 부실한 경우가 많다. 특히 세대수가 적은 아파트는 거래가 원활하지 않을 수 있다. 초보자라면 200세대 이상인 아파트를 고려하자.

셋째, 평형은 15~41평에서 선택하자. 너무 작은 15평 이하 아파트는 주변의 빌라, 오피스텔과 경쟁을 하고, 너무 큰 평형은 수요가 한정적이다. 다만 내가 보는 지역이 강남이나 분당처럼 소득 수준이 높은 지역이라면 대형 평형도 좋은 선택이 될 수 있다. 소득이 높은 지역은 대형 평형에 대한 수요가 타 지역보다 높기 때문이다. 그런 경우가 아니라면 대중적인 평형인 20~35평 중에서 선택하는 것을 추천한다.

리스크 관리

투자란 당연히 불확실성이 포함된다. 부동산 투자는 주식 투자보다 안정적이긴 하지만 투자이기 때문에 리스크는 언제나 존재한다. 나도 전세를 끼고 투자하려고 했는데 전세를 맞추지 못해 고생했던 기억이 있다. 내가 매수했을 당시 해당 아파트와 주변에는 전세가 없었고 전세 수요도 충분하다고 판단했다.

그런데 매수하고 나서 분위기가 바뀌었고 결정적으로 갑작스러운 대출 규제로 전세 수요가 얼어붙었다. 결과적으로 해당 물건은 전세를 기한 안에 맞추지 못했고 내 돈으로 전세금까지 다 메꿔야 했다. 운이 좋게 대출로 어떻게든 메꿀 수 있어 다행이었지만 만약 내 돈으로 메꾸지 못하는 상황이었다면 계약금을 그냥 날려 버렸을 것이다.

이처럼 투자하기 전에 발생할 수 있는 리스크를 감당할 수 있을지 판단하는 것은 정말 중요하다. 언제 어떤 변수가 발생할지는 아무도 모르기 때문이다. 강사 추천이나 스터디를 통해서 물건을 매수했더라도 매수 이후로는 본인이 다 책임져야 한다. 대출받아서 내 집을 사는 경우라면 매수 전에 대출이 얼마나 나오는지만 파악하면 된다.

반면 전세를 끼고 사는 경우라면 이야기가 달라진다. 먼저 현재 내가 사려는 단지뿐만 아니라 인근의 단지들에도 전세가 많은지 확인해 봐야 한다. 전세를 구하는 사람들은 한 단지만 보지 않고 인근의 단지들은 다 알아보기 때문이다. 그런 다음 전세를 맞추지 못할 경우라면 잔금이 가능한지도 파악해야 한다. 만약 잔금 지급이 불가능하다고 판단이 되는데 '어떻게든 전세가 맞춰지겠지'라는 긍정 회로를 돌리면 큰일 난다. 앞서 소개한 내 사례처럼 피같이 모은 계약금을 날릴 수 있기 때문이다. 그럴 때는 다음 중 한 가지를 선택하라.

- 매수 전에 중개인에게 '전세를 맞춰 주면 계약하겠다'라고 한다.
- 잔금 기간을 길게 잡는다(통상적으로는 계약 후 3개월).
- 세가 껴 있는 매물을 매수한다.

한 가지도 해당하는 매물이 없다면 다른 선택지에서 선택하는 것을 권한다. 투자는 성공도 중요하지만 실패하지 않는 것이 더 중요하기 때문이다. 한 번의 투자 실패는 금전적인 손실뿐만 아니라 해당 기간에 다른 것을 하지 못하게 만들어 시간을 뺏기도 하며 부동산에서 중요한 '명의'도 차지하게 된다.

끝으로 2년 뒤의 공급물량을 체크해야 한다. 많은 초보 투자자가 간과하는 부분인데 매도할 시점은 보통 2년 또는 4년이다. 계약갱신청구권이 생기면서 2년이 아니라 4년 뒤에 팔아야 하는 일도 있기 때문이다.

하지만 4년 뒤의 입주물량은 추정은 가능하나 정확히 알 수는 없

케이치의 부동산 투자 검토표

저평가	① 앞마당 가격 비교(지역 내/외) ② 전세가율이 떨어지고 있지는 않은가?
원금 보전성	① 시세 대비 싸게 사는가? ② 전고점 돌파 여부(실거주, 투자 비중에 따라 판단) ③ 단기간에 급등하지 않았는가?
수익성	장기 투자/단기 투자에 맞는 관점, 포인트
환금성	① 층수(4층 이상, 최상층은 2000년식 건축물 이후) ② 세대수 : 서울 150세대, 수도권 200세대, 지방 300세대 이상 ③ 평형 : 15~41평(초보는 20~34평, 지방 23~41평) ※ 지역 내 선호도(예 : 평형 선호 - 10평은 역세권(되도록 서울), 20평 은 초품아(신혼), 30평은 학군지)
리스크 관리 (전세 투자일 경우)	① 현재 단지 내/생활권 전체 전세 개수가 많은가? ② 잔금 가능 여부 ③ 2년 뒤 공급 체크(지역 전체, 투자 지역 근처)

다. 왜냐하면 그 기간에 예정이었던 입주물량이 중단될 수도 있고, 새로운 물량이 생길 수도 있기 때문이다.

그나마 정확하게 알 수 있는 것은 2년 뒤의 입주물량이다. 2년 뒤에 매도를 하려고 하는데 주변에 엄청난 입주물량이 생긴다면, 당연히 제값을 받고 팔기가 힘들어질 뿐만 아니라 애초에 팔기도 어려워진다.

지금까지 나의 필수 매수 다섯 가지 기준을 살펴보았다. 실패하지 않기 위해 매수 전에 반드시 다섯 가지를 검토하길 바란다. '저걸 언제 다 검토해?'라는 생각이 들 수도 있다. 하지만 몇 번 검토하다 보면 그렇게 오래 걸리지는 않을 것이다. 나도 부동산 투자를 할 때 항상 나열한 다섯 가지를 검토하고 매수를 결정한다. 모두 해당하는 매물이라면 과감하게 투자하라. 그럼 분명 나중에 매도할 때 후회하지는 않을 것이다.

부동산 Plus

- 가격 상승을 기대하려면 지역 전체의 상승 가능성을 먼저 파악해야 한다. 집값이 오를 지역의 공통점에는 입지 변화, 도시 재생, 공급 감소 세 가지가 있다.

- 입지를 평가할 때는 직장, 교통, 학군, 환경 네 가지 요소를 종합적으로 고려한다. 지역 간 입지를 비교하고, 이 분석을 통해 좋은 단지와 저평가된 단지를 선별할 수 있다.

- 지역을 선정한 후에는 그 안에서 상승 흐름이 아직 오지 않은 단지를 찾아야 한다. 단지 내 평형별 저평가 여부도 체크하자.

- 실패를 막기 위해 저평가, 원금 보전성, 수익성, 환금성, 리스크 관리 다섯 가지 기준을 체크하자. 이 다섯 가지를 통해 감정이 아닌 논리적 판단으로 매수를 결정할 수 있다.

부동산
체크리스트

☐ 집값이 오를 만한 지역 세 곳 정도를 스스로 찾아보았다.

☐ 해당 지역들의 입지를 분석하고 순위를 매겨 보았다.

☐ 한 지역에서 최소 세 개 이상의 단지를 비교 분석해 봤다.

☐ 저평가, 원금 보전성, 수익성, 환금성, 리스크 관리의 5단계 기준을 이해했다.

5장

선배 월급쟁이 투자자가
겪은 시행착오

무한대 수익률을 만들어 낸 저평가의 중요성 : 평택시 34평 아파트

이번 챕터에서는 지금까지 나의 투자 사례 중 일부를 소개하고자 한다. 한 가지 꼭 생각해야 할 부분은 당시 상황과 지금 상황은 매우 다를 수 있다는 것이다. 또한 사례에 들어가기에 앞서 내가 선택했던 방식은 전세를 끼고 아파트를 사서 채수를 매년 늘려 나가는 전세 레버리지 투자였다. 그중에서도 서울이나 경기도권 주요 지역이 아닌 외곽이나 지방이다.

처음 투자 당시 돈이 없기도 했으며 초보자인 나의 눈으로 봤을 때는 내가 투자할 수 있는 방법이 외곽이나 지방 갭투자밖에 없다고 판단했기 때문이다. 또한 당시만 해도 수도권 상승의 여파가 점점 퍼져나갔고, 지방도 분위기가 나쁘지 않았다. 그래서 지역 선택만 잘하고 저평가된 매물만 찾는다면 충분히 내 자산을 증식시킬 수 있을 것으로 생각했다.

하지만 앞서 설명했던 것처럼 부동산은 생물처럼 움직이며, 매 시기마다 유효한 투자처와 방법이 달라진다. 그래서 나의 투자 사례를 참고하여 시행착오를 조금은 덜 겪고 더 나은 성공 투자를 할 수 있기 바란다.

나는 20대 후반 사회초년생 때 첫 투자를 했기에 큰돈을 투자할 수 없었다. 아직 어린 나이였고 조만간 결혼 생각도 없었기에 내 집이 필요하지도 않았다. 당시 수중에는 3천만 원 정도가 있었는데, 첫 투자를 하기 위해 집을 알아보던 시기는 2020년 하반기였다.

부동산에서 2020년은 정말 기록적인 한 해였는데, 바로 역대급 폭등장이었다. 코로나로 인한 유동성과 정부의 잘못된 부동산 정책 등이 만들어 낸 콜라보였다. 지금 몇십억 자산가라고 하는 사람 중 많은 사람이 2020년 전에 투자해서 이 시기에 그 차익을 번 경우가 많다.

연도별 아파트값 상승률 추이

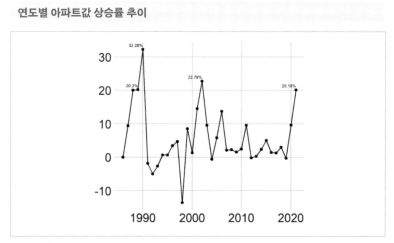

출처 KB통계

부동산 시장에서는 몇 번씩 자산을 점프할 시기가 온다. 그 시기는 바로 모두가 시장을 떠난 이후였다.

143쪽의 그래프를 살펴보면 1988년 우리나라가 급성장하던 시기 아파트 가격이 급등했었다. 우리나라는 이미 선진국이 되었고 저성장에 돌입했기 때문에 다시 반복되긴 힘들 것이다. 1998년 IMF 당시는 아파트 가격이 급락했다가 이후 몇 년 동안 22.79%나 급등하게 된다. 또한 코로나19 이후에도 20.18% 급등하게 된다. 여러 가지 이유가 있겠지만, 이는 경제 침체를 막기 위한 유동성(돈의 양)의 증가가 큰 원인 중 하나이다.

앞으로 우리가 자산을 키울 그 시기는 언제 올지 모른다. 다만 한 가지 확실한 것은 자본주의가 유지되는 한 그 시기는 반드시 '또' 온다는 것이다. 우리가 할 일은 그 시기가 오기 전에 씨를 뿌려 놓는 것이다. 뭔가 해 놓은 것이 있어야 상승장에 오르기라도 할 것 아닌가.

다시 나의 사례로 돌아가면 당시 수도권 주요 지역은 가격이 올라 내 투자금으로는 어림도 없는 상황이었다. 그렇게 여러 지역을 물색하다 눈을 돌린 곳이 바로 평택이었다.

평택을 선택한 이유

평택시는 경기도에 속하기는 하지만 거의 지방과 흐름을 비슷하게 가져간다. 왜냐하면 경기도는 서울의 배후 수요지 역할을 하는데, 평택은 거리로 보나 위치로 보나 서울 출퇴근은 아직 힘들기 때문이다 (물론 GTX-C가 평택까지 개통된다면 달라지겠지만 말이다). 투자를 위해 시장을 지켜보던 2020~2021년경은 부동산 상승장이었고, 이런 온기가

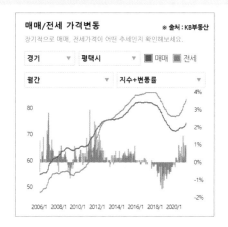

2020년 하반기~2021년 상반기 평택 매매와 전세지수

출처 아실

점점 퍼지는 상황이었다. 그래서 나는 이 온기가 곧 평택으로까지 옮겨질 것으로 생각했다. 이런 생각에 확신을 더해 준 지표가 바로 매매와 전세지수이다.

파란색 매매지수에 비해 빨간색 전세지수가 가파르게 상승하고 있는 모습을 보였다. 전세가율을 설명할 때 전세가는 매매가를 절대 넘을 수 없다고 하였다. 그렇다면 위와 같이 매매가 정체되고 전세가 급등하는 지역의 미래를 추측할 수 있다. 전세가가 매매가를 밀어 올릴 것이란 사실 말이다.

그런데 사실 평택에서만 위와 같은 모습을 봤다면 부린이였던 나는 투자에 대해 확신하지 못했을 것이다. 하지만 나는 평택 이외에 여러 지역을 공부하면서 비슷한 모습을 보인 지역들을 알고 있었다. 바로 창원과 천안이었다.

전세 상승 후 매매가 상승을 이미 보였던 천안과 창원

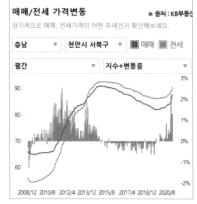

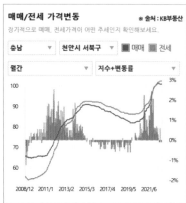

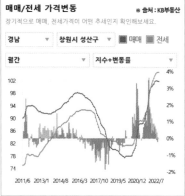

출처 아실

2021년 상반기 이후 평택 매매와 전세지수

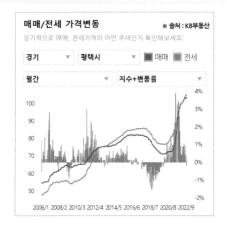

출처 아실

　그래서 평택도 창원과 천안처럼 비슷한 흐름으로 갈 것으로 생각했
다. 결과적으로 평택은 예상보다 엄청난 상승세를 겪었다. 사실 이 정
도로 큰 폭등은 예상하지 못했는데, 수도권 키 맞추기 장세에 맞물려
엄청나게 상승했다.

평택의 입주물량

출처 아실

물론 평택은 2020년 이후로도 수요를 넘는 공급이 꾸준히 예정되어 있었다. 하지만 그만큼 인구가 증가하여 수요가 늘어나는 지역이기 때문에 괜찮다고 생각했다.

둘째로는 평택 자체가 이미 저평가되었다고 판단했다. 평택 바로 밑에 천안이 있는데 물리적 거리로는 천안이 평택보다 서울에서 훨씬 멀다. 그런데 당시 주요 아파트의 가격은 평택보다 천안이 훨씬 더 비쌌다.

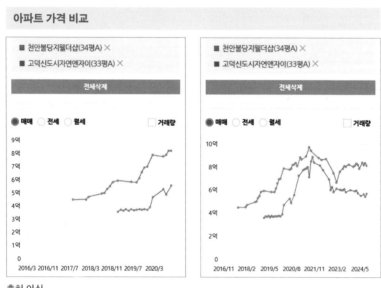

아파트 가격 비교

출처 아실

위 그래프는 당시 평택의 대장아파트(빨간색)와 천안의 대장아파트(파란색) 가격 비교이다. 혹시 이상하다고 느껴지는가? 물론 천안이 평택보다 더 비쌀 수는 있다. 하지만 우리나라의 중심은 서울이고 서울과의 접근성이 부동산 가격에 중요한 요인인데, 이 정도로 가격 차이가 나는 것이 이상했다.

나중에 두 아파트의 가격은 어떻게 되었을까? 결과적으로는 아직
도 천안이 평택 대장아파트보다는 더 비싸긴 하지만, 가격차가 좁혀
졌다. 물론 이후 평택은 입주물량 폭탄과 미분양으로 힘든 시기를 보
내고 있긴 하지만 말이다.

그렇게 평택을 선정한 나는, 평택이라는 지역을 분석하기 시작했
다. 부동산에 관심을 가지기 전에는 평택은 한 번도 가 본 적 없는 미
지의 곳이었다. 단지 '미군이 많은 곳', '치안이 좋지 않은 곳'이라는 부
정적 이미지가 있었다.

평택은 지역이 넓어 서평택, 동평택으로 구분한다. 사실 대부분의
인프라는 동평택에 몰려 있기에 동평택을 중점적으로 살폈다. 먼저

서평택(좌)과 동평택(우)

출처 카카오맵

해야 할 일은 지역의 생활권을 확인하는 일이다. 그 이유는 지역 내에서도 선호 생활권부터 가격이 상승하기 시작하고, 이는 생활권 간의 저평가를 만들기 때문이다. 생활권의 선호도를 나눠보는 방법은 여러 가지가 있지만 가장 큰 것은 가격이다.

먼저 부동산지인에서 지역검색 > 지역선택 > 매매가 순으로 정렬한다. 그러면 해당 지역에서 평당가가 높은 지역부터 나열이 되는데, 바로 '선호도'로 볼 수 있다.

평택의 평당가로 선호도를 확인할 수 있다

출처 부동산지인

그런데 한 가지 주의할 점은 지역 옆에 괄호로 숫자가 나오는데, 이는 해당 지역의 아파트 개수를 의미한다. 평택시에서 지제동은 아파트 개수가 한 개로 가장 높은 평당가를 보인다. 즉 지제동은 한 지역으로 보기는 어렵고 인근 지역과 묶어서 이해해야 한다.

호갱노노 지도를 통해 확인할 수 있는데, 151쪽의 그림에서 왼쪽은 호갱노노에서 평택시 지도를 축소한 모습이다. 앞서 말했던 지제동을 클릭해 보면 지제동에는 '지제역더샵센트럴시티'라는 평택의 대장

150

평택 지제동의 대장아파트를 확인할 수 있다

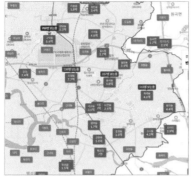

출처 호갱노노

아파트만 있고, 바로 옆에 동삭동과 같은 생활권인 것을 볼 수 있다. 이는 실제 지역 임장을 통해 다시 한번 확인하면 된다.

그렇게 나는 동평택의 생활권 순위를 파악하였고, 고덕동 > 지제·동삭동 > 용이동 > 비전동으로 선호도가 이어진다는 것을 확인하였다. 이외에도 이전에 말했던 입지 요소를 분석하고 나서 평택으로 임장을 떠났다.

평택을 가 보고 처음 든 생각은 알아보기 전 내가 가졌던 부정적인 생각은 단지 내 생각에 지나지 않았다는 것이었다. 실제 임장을 가서 내 눈으로 본 용이동 용이지구, 비전동 등은 거주하기에 부족함이 없는 좋은 도시였다. 직접 봐야 그곳을 판단할 수 있다는 것을 다시 한번 느끼게 되었다.

특히 내가 주목한 곳은 비전동이었다. 앞의 세 급지(고덕동, 지제·동삭동, 용이동)는 이미 가격이 상승한 것으로 보였는데, 구도심이자 그 다음 급지인 비전동은 아직 그 온기가 퍼지지 않은 것으로 보였다. 하

지만 현장을 가 보니 이미 비전동에도 조금씩 그 매수세가 옮겨붙는 상황이었다. 초보였지만 본능적으로 빠른 판단이 필요할 것 같다는 생각이 들었다.

나는 투자금 3천만 원 내로 매매할 수 있는 아파트를 찾기 위해 부동산 여기저기를 돌아다녔다. 그렇게 추린 매물은 두 가지로 압축되

당시 추린 최종 두 가지 매물(가격은 예시)

지역	A 매물	B 매물
매매가	2.5억	2.9억
전세가	2억	2.7억
특이점	세입자 기간 1년 남음	바로 입주 가능
투자금	5천만 원	2천만 원
장점	가격이 저렴	가격이 비쌈
단점	투자금 높음	투자금 낮음

었다.

아직 초보였던지라 처음에는 투자금이 적게 드는 B를 선택하는 것 맞지 않나 하는 생각을 했다. 하지만 곰곰이 생각해 보니 결국 투자의 본질은 싸게 사는 것이다. A 매물은 당장 입주가 되지 않고 투자금이 더 든다. 그런데도 투자자라면 A 매물이 훨씬 더 나은 선택이라는 판단이 들었다. 전세를 끼고 매수 투자할 때 전세금을 최대로 올려서 투자금을 최소화하는 것이 좋다고 말하는 사람도 있다. 그런데 지나고 보니 당장은 좋을지 몰라도 미래에는 정말 위험한 선택이 된다. 전세를 시세보다 높게 맞춘 만큼 나중에 그 가격보다 더 낮아질 확률이 높기 때문이다. 실제로 그런 경험을 했었고 손해를 봤다.

어찌 되었든 전세가도 시세대로 맞추는 것이 좋고 투자금이 부족하다면 그만큼 매매가를 싸게 해서 맞추려고 노력해야 한다. 물론 투자금은 3천만 원밖에 없었지만 1년 정도만 2천만 원 대출을 받아서라도 A를 투자하는 게 낫겠다 싶었다. 그렇게 A 매물을 선택했고 나의 투자 기준에 모두 부합한다는 것을 확인하고 생애 첫 투자를 하게 되었다.

지금은 어떻게 되었을까? 현재 전세금도 당시보다 높게 증액했다. 심지어 내가 매수한 매매 금액보다 높게 말이다.

예를 들어 처음에 내가 맞춘 전세금은 2억이었다. 1년 뒤에는 전세 시세가 올라 2.3억에 전세를 맞췄다고 하자. 그렇다면 그 차액 3천만 원은 전세 세입자가 내게 입금한다. 그리고 2년 동안 나는 그 3천만 원을 활용할 수 있게 된다. 물론 내 돈이라고 착각하면 안 된다. 2년 뒤에는 돌려줘야 하는 금액이기 때문이다. 결국 나는 돈 한 푼도 들이지 않고 아파트를 가지게 되었다. 물론 매수한 매매가도 저렴했기에 매매가도 함께 올라갔다.

내가 처음 부동산에 관심을 가졌던 것은 앞에서도 밝혔듯이 2019년 하반기였는데, 투자해야겠다고 결심한 것은 2020년 하반기였다. 투자를 결심하기까지만 1년이라는 시간이 걸린 것이다. 그 1년이라는 기간 동안 주변에서는 나와 비슷한 시기에 시작했으나 이미 몇 채를 투자한 사람도 많았고, 수익이 벌써 몇억이라는 등의 소리가 들렸다. 그런 소리를 들으면 나도 사람이기에 초조하고 조급해졌다.

하지만 내가 할 수 있는 건 그저 나를 믿고 내가 해야 할 일을 하는 것이었다. 투자를 위해 해야 할 독서, 강의, 지역 분석, 임장이 그것이었다.

이 책을 읽는 사람 중에서 이미 나이가 많아서, 주변에는 이미 부동산 투자로 많은 돈을 벌었다는데 하는 생각으로 조급해하는 사람이 있을 것이다. 물론 좋은 투자로 빨리 부자가 되고 싶은 것은 누구나 마찬가지다. 하지만 포기하지 않고 꾸준히 관심을 가지다 보면 꼭 투자가 아니더라도 많은 기회가 생긴다.

사실 나는 투자로만 치자면 낙제점이라 생각한다. 다만 부동산에 대한 꾸준한 관심만은 합격점이라 생각한다. 빠르게 부자가 되고 싶다는 욕심으로 조급해하거나 무리한 투자를 했다면 중간에 그냥 포기해 버렸을 것이다. 지금은 내가 1년 동안 투자 공부를 하는 동안 성공했다고 이야기를 들었던 사람 중에 역전세 등으로 힘들다는 사람들이 많다.

남들과 비교하며 나는 늦었다, 왜 이렇게 속도가 늦은 걸까 하며 자책하지 말자. 그저 내가 해야 할 일을 하며 내 페이스대로 꾸준히 나아가자. 투자는 자기만의 속도가 중요하다.

Point

1. 매매가 대비 전세가 상승을 잘 살펴보자.

2. 지역 간 저평가를 잘 검토하자.

3. 투자금보다는 싸게 사는 것에 집중하자.

4. 늦은 것 같다고 조급해 하지 말자.

02

사회초년생이 연봉 두 배 수익을 거두다 : 청주시 34평 아파트

수도권의 상승 흐름이 지방으로 넘어갈 것으로 판단하고 다음 투자 지역은 지방을 선택하였다. 2021년 이미 몇몇 지방 지역은 상승의 흐름이 옮겨가고 있었다.

2021년 몇몇 지방은 이미 상승의 흐름을 보였다

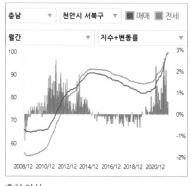
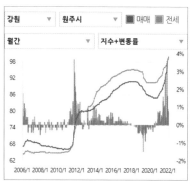

출처 아실

그중에서 내가 관심을 가지게 된 지역은 바로 청주였다. 청주는 충청북도에서 가장 큰 도시로 인구 83만 명이 사는 대도시이다. 청주는 크게 네 개 구로 나눠지는데, 흥덕구, 상당구, 서원구, 청원구가 있다. 이 중에서 당시 내가 판단한 청주 내 선호도는 흥덕구 > 청원구 > 상당구 > 서원구 순이었다.

지금은 과거와 달리 상당구가 발전되며 청원구의 선호도를 넘어선 것으로 보인다. 상당구에 대규모 신축아파트가 들어섰기 때문인데, 이처럼 지방은 입지의 선호도가 바뀌는 경우가 많다.

상당구에 대규모로 개발된 택지 지구인 방서지구(좌 하단)와 동남지구(우 상단)

출처 호갱노노

주택을 부수고 새롭게 개발해야 하는 수도권과 달리 지방은 빈 땅이 많아 그 땅 위에 바로 짓기만 하면 되기 때문이다. 좀 더 생각해 보면 이전에 말했던 재개발·재건축으로 인해 새롭게 바뀌는 지역도 청주의 상당구처럼 입지의 선호도가 올라간다는 뜻이 된다.

또한 지방 투자에 있어서 인구를 알고 있는 것은 매우 중요하다. 수요를 체크할 필요가 없을 정도로 수요가 많은 수도권과 달리 지방은 수요 자체가 부족하기 때문이다.

2024년 4월 기준 지방의 인구수

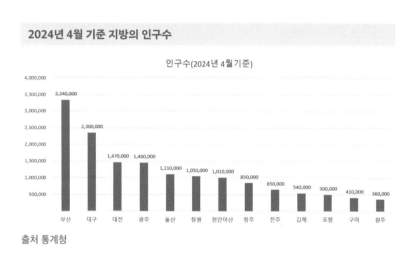

출처 통계청

위 그래프는 내가 투자를 고려했을 당시 지방 지역들의 인구수이다. 인구수별로 크게 세 가지 권역으로 구분하는데, 당시 나는 부린이였기에 최대한 인구 50만 이상인 도시에서 투자를 고려하였다.

① 광역시 : 부산, 대구, 대전, 광주, 울산

② 인구 50만 이상 : 창원, 천안아산, 청주, 전주, 김해, 포항

③ 인구 50만 이하 : 구미, 원주

청주에서도 내가 관심을 가진 곳은 바로 서원구였다. 서원구는 청원구가 선호 지역이 되기 전에 선호되는 입지였다. 전통적으로 학군이 우수한 산남지구와 분평지구 그리고 실거주 만족도가 높은 개신동 등이 위치했기 때문이다.

당시 처음 이들 지역을 임장했을 때의 느낌은 '와, 진짜 살기 좋아 보인다'였다. 사실 계속 '지방 인구 소멸'의 이야기를 들었고, 나는 한평생을 수도권에 살았기 때문에 더욱 그런 느낌이 들었던 것 같다.

그런데도 이들 지역의 선호도가 낮아진 것은 바로 아파트 연식이 오래됐기 때문이다. 그럼에도 서원구에 관심을 가진 것은 첫 투자였던 평택의 매매, 전세지수 그래프의 모습을 그대로 확인했기 때문이다.

임장하던 당시 찍은 서원구의 모습

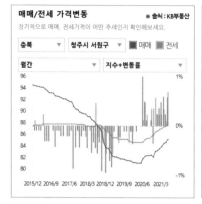 

출처 아실

그렇다면 먼저 서원구의 미래는 어떻게 되었을지 살펴보자. 첫 번째 투자였던 평택과 비슷하게 엄청난 폭등장을 겪었다. 나도 신기했다. 상승을 예상하긴 했으나 이 정도로 폭등할 줄은 몰랐기 때문이다 (물론 폭등 뒤에 하락을 겪긴 했으나 산 가격보다는 훨씬 올랐다). 서원구는 산남동, 개신동, 성화동, 수곡동, 모충동으로 크게 다섯 생활권으로 나눠볼 수 있다.

당시 선호도는 산남동 > 개신동 > 성화동 > 수곡동 > 모충동으로 나눠지는 것을 지역 분석과 임장으로 확인하였다. 또한 가장 선호 입지인 산남동도 대부분 단지가 내 투자금으로도 투자할 수 있어 보였다. 그래서 산남동에서도 가장 선호하는 단지 부동산을 여기저기 뒤지며 투자할 물건을 찾았는데, 아쉽게도 이미 나보다 먼저 진입한 투자자가 많았다.

좋은 매물은 다 빠지고 저층이나 동향처럼 못난이 물건들만 남은

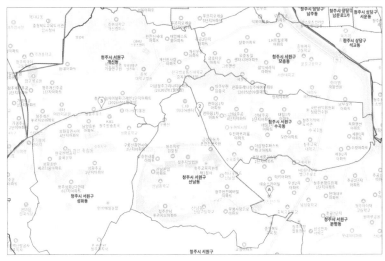

출처 카카오맵

상황이었다. 네이버에 있는 매물도 대부분 이미 거래되었다. 아쉬운 발걸음을 돌려 2, 3등 단지의 부동산도 다 둘러보았으나 대부분 분위기는 비슷한 상황이었다.

그래서 다음 생활권인 개신동과 성화동으로 향했다. 해당 생활권도 이미 많은 투자자가 진입한 듯하였으나 그래도 산남동보다는 아직 덜 오른 단지들이 눈에 띄었다. 그래서 내 투자금으로 살 수 있는, 투자할 만한 단지 세 군데를 선정하였다.

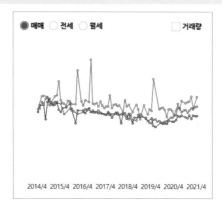

투자할 만한 세 개 단지의 매매가 흐름

● 매매　○ 전세　○ 월세　　　□ 거래량

2014/4　2015/4　2016/4　2017/4　2018/4　2019/4　2020/4　2021/4

출처 아실

　1등 단지(위 그림에서 빨간색)가 시세 상승의 흐름을 탔으며, 투자금 안에 들어오고 가장 선호도가 높은 단지였기에 해당 단지의 매물을 다 '털었다'. 여기서 매물을 털었다는 용어는 투자자가 자주 사용하는 은어인데, 해당 단지 부동산 그리고 인근의 부동산에 있는 모든 매물을 다 본다는 의미이다.

　'굳이 그렇게까지 해야 하나?' 싶기도 하지만, 우리 인생에서 부동산 투자를 몇 번이나 하겠는가? 투자에 관심이 있는 사람이 아니고서야 다섯 번 미만일 것이다. 게다가 부동산은 아무리 작아도 몇천만 원 단위의 큰돈이 들어가는 쇼핑이다. 그런 만큼 한 번의 선택이 신중해지고 후회가 없어야 한다.

　그렇게 해당 단지에서 두 개의 매물로 압축이 되었고, 매도자와 협상하였으나 결과적으로 매도자의 변심으로 해당 단지를 투자하지는 못하였다. 결국 괜찮은 매물들은 다 사라지고 2등 단지에서도 괜찮은 매물을 찾지 못하였다. 그렇게 3등 단지 매물을 털었는데, 3등임에도 생각보다 전세 수요가 상당히 많았고, 구조나 자재가 좋다는 느낌을 받았다. 해당 아파트는 세대수가 많지 않은데 2021년 당시만 해도 전세 거래나 상승률이 엄청났다.

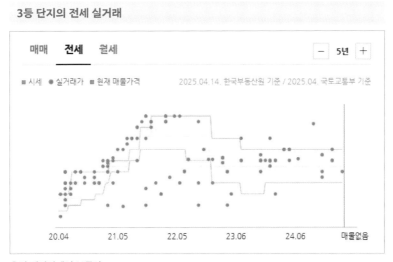

출처 네이버페이 부동산

여기에 2등 단지까지 상승의 흐름이 온 상황에서 청주가 조정지역으로 묶여 3등까지 시세 상승의 흐름이 오지 않았다는 중개인의 말을 들을 수 있었다(조정대상지역에 대해서는 다시 설명하겠다. 여기서는 조정대상지역이 되면 규제가 들어간다고만 이해하자).

청주는 2020년 5월 방사광가속기 구축사업 대상지로 오창읍이 선정되는 등 개발 호재가 발표되면서 아파트 가격이 단기간에 급등했다. 이에 같은 해 정부는 투기 수요가 유입되는 것을 차단하기 위해 조정대상지역으로 지정했다(164쪽 그래프 참고).

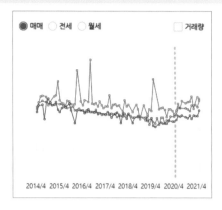

매매 ○ 전세 ○ 월세 ☐ 거래량

2014/4 2015/4 2016/4 2017/4 2018/4 2019/4 2020/4 2021/4

출처 아실

세 개 단지의 당시 가격을 보면 1, 2등은 과거 가격에 비해 상승한 것을 볼 수 있지만, 3등 단지(검은색)는 과거보다 크게 오르지 못한 모습을 보인다. 그래서 해당 단지를 싸게만 사면 절대 실패하지는 않을 것이라는 확신을 하게 되었다.

당시 3등 단지 매물이 많지는 않지만 나와 있는 매물 중에서 최종적으로 다음과 같이 세 개의 매물을 추릴 수 있었다.

당시 추린 최종 매물(가격은 예시)

순번	❶ 중저층 매물	❷ 중층 매물	❸ 고층 매물
가격	매매 : 2.3억 전세 : 1.95억 (22년 1월 만기)	매매 : 2.5억 전세 : 2.3억 (입주 가능)	매매 : 2.5억 전세 예상 : 2.35억 (입주 가능)
투자금	3.5천만 원	2천만 원	1.5천만 원
특징	중저층, 세입자 거주 중	공실	로열층, 로열동

나는 1번 매물을 투자하였는데, 세가 낀 물건으로 투자금 범위(투자금 3천만 원) 내로 들어왔고 가장 중요한 것은 저렴한 가격이었다. 1~3층 매물과 비슷한 가격대였고, 최근 3개월 실거래가와 비교해 보아도 1~3층 제외 최저가 가격이었다. 여기에 6개월 후에 전세 갱신을 하여 투자금을 더 줄일 수 있었다. 해당 투자는 현재 전세를 재계약하여 투자금은 약 800만 원, 매매 호가 상으로는 약 3천만 원 가량 상승하였다.

당시 투자를 결정하면서 고민했던 것은 '이미 오른 상위 단지 vs 아직 덜 오른 하위 단지 중 어디가 더 나을까?'에 대한 고민이었다. 투자하지 못했던 1등 단지와 투자한 3등 단지의 현재 투자 결과는 어떻게 되었을까?

1등 단지는 매수를 고려하던 당시와 가격이 그대로이다. 이를 복기해 보면 해당 지역의 입지가 전국적으로 어느 정도냐에 따라 먼저 상승한 단지가 더 좋을 수도 아니면 덜 좋을 수 있다.

예를 들어 내가 사려는 아파트가 잠실에 있다고 하자. 그런데 잠실의 1등 단지는 이미 가격이 많이 올랐지만 2등 단지는 아직 가격이 덜 올랐다. 이럴 때는 1등 단지가 엄청나게 오르지 않은 이상 1등 단지를 투자하는 것이 좋다.

반면 내 사례처럼 지방에 선호하지 않는 입지에 투자한다고 하면 1등이든 3등이든 아예 오르지 않을 수도 있다고 생각하고 현재 해당 단지가 저평가된 상태인지를 보는 것이 먼저라는 것이다. 그만큼 나중에 가격을 회복할 것이기 때문이다.

사회초년생이자 부동산 투자 초보였던 내가 어떻게 한 번도 가 보지 않은 지방에 투자를 할 수 있었을까? 돌이켜 보면 8할은 임장이었다. 당시 나는 쉬는 날은 항상 임장을 갔다.

사실 말이 임장이지 시간만 나면 그냥 청주로 계속 갔다. '청주의 아들이 되겠다'라는 마음으로 임할 만큼 계속 갔다. '임장은 집 살 때만 몇 번 가면 되지, 뭐 하러 그렇게까지 하냐?'라고 생각할 수도 있다. 물론 맞는 말이다. 다만 나는 실행력이 떨어지는 사람이었고, 대충 몇 번 가는 것으로는 도저히 실행할 수가 없었다.

그래서 한 달에 열 번을 넘게 청주로 임장을 갔고 그 시간을 보내니 '임장한 시간과 노력이 아까워서라도 사고 만다'라는 오기가 생겼다. 뭐든지 실행해야 성공이든 실패든 인생의 변화가 있을 것이다. 혹시라도 실행이 어려운 당신이라면 내가 했던 방법을 참고해 보길 바란다.

물론 누군가에게는 그 기간이 기회비용이 될 수 있고 큰 수익이 아닐 수 있겠다. 다만 내게는 무언가를 원한다면 잠을 못 자도 피곤하지 않고, 밥을 안 먹어도 배고프지 않다는 말을 조금이나마 실감할 수 있었던 투자 경험이었다.

Point

1. 내가 사려는 단지의 위상이 어느 정도냐에 따라 이미 오른 1등 단지가 좋을 수도 있다.
2. 실행이 어렵다면 투자하는 시간과 돈을 늘리자.

03

저평가로 착각한 저가치 아파트 : 김해시 28평 아파트

전세도 맞추지 못했고 투자 수익도 마이너스를 기록했으며 내게 역전세까지 안겨 준 매물이 있다. 내가 세입자와 계약한 전세가가 2억인데 2년 뒤에 전세 시세가 1.5억이 되면 세입자에게 5천만 원을 돌려줘야 하는데, 이를 '역전세'라고 한다.

이 사례는 나의 실패한 투자로, 누군가에게 도움이 되지 않을까 하는 생각에 공개하기로 하였다. 투자는 100% 성공할 수 없다. 누구나 성공한다는 보장이 있다면 전 국민이 투자할 것이다. 하지만 투자에서 실패를 피할 수는 없고, 실패란 많은 고통을 수반한다. 금전적인 손해는 물론이거니와 그동안 다른 투자를 못하는데 따른 기회비용까지 말이다.

지금 소개하는 매물은 부동산 급등장이었던 2021년 여름에 투자한

2021년 여름 당시 규제 지역 현황

지역	투기과열지구(49곳)	조정대상지역 (111곳)
서울	전 지역 (17.8.3)	전 지역 (16.11.3)
경기	과천 (17.8.3) 성남 분당 (17.9.6) 광명, 하남 (18.8.28) 수원, 성남 수정, 안양, 안산 단원, 구리, 군포, 의왕, 용인 수지·기흥, 동탄2 (20.6.19)	과천, 성남, 하남, 동탄2 (16.11.3), 광명 (17.6.19) 구리, 안양 동안, 광교지구 (18.8.28) 수원 팔달, 용인 수지·기흥 (18.12.31) 수원 영통·권선·장안, 안양 만안, 의왕 (20.2.21) 고양, 남양주, 화성, 군포, 부천, 안산, 시흥, 용인 처인, 오산, 안성, 평택, 광주, 양주, 의정부 (20.6.19) 김포 (20.11.20), 파주 (20.12.18)
인천	연수, 남동, 서 (20.6.19)	중, 동, 미추홀, 연수, 남동, 부평, 계양, 서 (20.6.19)
부산	-	해운대, 수영, 동래, 남, 연제 (20.11.20) 서구, 동구, 영도구, 부산진구, 금정구, 북구, 강서구, 사상구, 사하구 (20.12.18)
대구	수성 (17.9.6)	수성 (20.11.20) 중구, 동구, 서구, 남구, 북구, 달서구, 달성군 (20.12.18)
광주	-	동구, 서구, 남구, 북구, 광산구 (20.12.18)
대전	동, 중, 서, 유성 (20.6.19)	동, 중, 서, 유성, 대덕 (20.6.19)
울산	-	중구, 남구 (20.12.18)
세종	세종 (17.8.3)	세종 (16.11.3)
충북	-	청주 (20.6.19)
충남	-	천안 동남·서북, 논산, 공주 (20.12.18)
전북	-	전주 완산·덕진 (20.12.18)
전남	-	여수, 순천, 광양 (20.12.18)
경북	-	포항 남, 경산 (20.12.18)
경남	창원 의창 (20.12.18)	창원 성산 (20.12.18)

매물이다. 당시 부동산 투자를 더 해야겠다는 다짐으로 더욱 열정적으로 지역을 찾던 나는 경남 김해를 찾게 되었다. 성남 김해까지 가게된 이유는 취득세 규제 때문이었다.

이 규제에 대해 알기 전에 규제 지역, 비규제 지역에 대해서 알아야 한다. 이름 그대로 규제 지역은 시세가 상승하는 것을 방지하기 위해 정부에서 규제하는 지역이다. 지금은 규제 지역이 강남 3구, 용산구 밖에 남지 않았지만, 당시에는 부동산 상승장으로 거의 전국이 규제 지역으로 지정이 되어 있었다.

여러 규제 중 취득세 부분에 있어서는 1주택이 있는 사람이 규제 지역에서 다른 주택을 사면 약 8%의 취득세가 부과된다.

2021년 여름 당시 취득세 규정

구분		조정	비조정
개인	1주택	1~3%	1~3%
	2주택	8%	1~3%
	3주택	12%	8%
	4주택 이상	12%	12%
법인		12%	

만약 1억짜리 집을 사면 취득세만 800만 원을 내는 것이다. 그래서 나는 당시 비조정 지역인 마산, 김해, 포항 북구, 구미, 원주 중에서 투자를 검토하였다. 그중에서 김해를 정한 이유는 크게 네 가지다.

부족해지는 공급

모든 경제 재화는 수요와 공급의 법칙으로 움직이게 된다. 부동산

대구 가격변동(좌), 대구 공급(우)

출처 아실

도 예외는 아닌데 특히 지방 부동산은 공급에 큰 영향을 받는다. 몇 가지 지역을 예시로 살펴보자.

169쪽의 그래프에서 보면 대구에 공급이 많았던 시기는 2008년, 2016년, 2023년이었다. 대구의 전세값이 떨어지기 시작한 시기는 2007년, 2016년, 2022년이었다. 특히 공급이 많았던 시기에는 전세가의 하락이 더 커졌다.

천안 가격변동(좌), 천안아산 공급(우)

출처 아실

천안은 바로 옆에 아산이라는 도시와 수요를 주고받기 때문에 공급을 같이 봐 줘야 한다. 천안아산의 공급이 많았던 시기는 2016년, 2023년이었다. 천안의 전세가 빠지기 시작한 시기는 2015년, 2022년이었는데, 대구와 마찬가지로 공급이 많았던 시기에 전세가의 하락이 더 커졌다.

지방이 공급에 크게 영향을 받는 이유는 무엇일까? 수도권은 누구

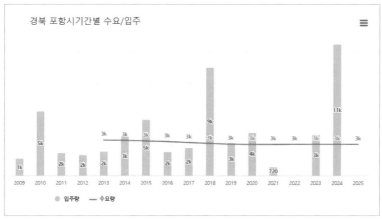

경북 포항시기간별 수요/입주

출처 부동산지인

나 알다시피 수요가 넘치는 지역이다. 반면 지방은 수도권에 비해 수요가 부족하고 점점 더 줄어들고 있다. 수도권은 공급이 많아도 수요가 많아서 어느 정도의 공급 초과는 해소할 수 있다.

반면 지방은 수요가 적기 때문에 조금만 공급이 많아져도 수요보다 공급이 많아져서 가격에 영향을 주게 된다. 지방에서 수요는 인구수로 볼 수 있는데, 특히 인구가 적은 지방은 이런 현상이 더 심하다.

후보군에 넣은 지역(마산, 김해, 포항 북구, 구미, 원주)의 앞으로 2년간 공급물량을 체크하였는데, 그중 포항은 2023년, 2024년 물량이 터지는 시기라 투자 지역에서 제외하였다. 2~3년 뒤의 입주물량을 보는 이유는 전세를 끼고 투자하면 매도하는 시기가 2년 이후가 되기 때문이다.

출처 부동산지인

미분양

　남은 도시 중에서(마산, 김해, 구미, 원주) 미분양 물량을 확인하였다. 미분양이란 쉽게 생각해서 새 아파트인데도, 시장에서 선택받지 못해 남아 있는 물량을 의미한다. 새 아파트도 남아 있는데 구축아파트는 당연히 영향을 받게 된다. 미분양을 체크할 때는 세 가지 정도를 체크하면 된다.

　① 미분양이 **증가**하고 있는가?

　② 미분양이 평균보다 많은가?

　③ 미분양 물량 중에 좋은 입지에 있는 단지가 있는가?

김해의 미분양 단지

구분	단지명	총세대수	주소	입주시기	준공여부	건설사	주변입주	지도
민간	더샵신문그리니티	1146	경남 김해시 신문동 374	2026-02	미준공	(주)포스코이앤씨	●	●
민간	김해구산푸르지오파크테르	534	경남 김해시 구산동 691	2025-02	미준공	(주)대우건설	●	●
민간	김해내덕지구효율S클래스	1040	경남 김해시 내덕동 21-3	2025-01	미준공	흥룡건설(주)	●	●

출처 부동산지인

172

2021년 당시 김해는 미분양 물량이 거의 없어 세 가지를 체크할 필요가 없었다. 다만 지금 시기를 보면 김해는 두 가지에 해당하는 상황이다. 미분양 단지가 어디인지를 보려면 부동산지인의 미분양 탭에서 지역을 선택하고 확인하면 된다. 현재 김해는 세 개 중에 두 개나 해당이 되는 상황이니 지금의 상황이라면 당연히 투자하면 안 된다.

매매전세지수

개인적으로 매매전세지수 데이터를 중요하게 생각하는 편이다.

김해의 매매전세지수

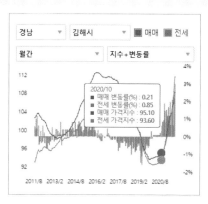

출처 아실

사실 위 그래프를 봤을 때 투자로 들어가기에는 약간 늦었다고 판단했다. 매매전세지수로 보았을 때 진입하기 좋은 시기는 2020년 말경이었기 때문이다. 하지만 당시만 해도 부동산 대세 상승장이었고, 이러한 상승장이 계속 이어질 거라 판단했다. 물론 지금 복기해 보면 그 판단은 욕심이었다.

지역의 분위기

현재 해당 지역의 분위기가 뜨거운 상황인지 아니면 잠잠한 상황인지를 살폈다. 투자는 기본적으로 남들이 들어가기 전에 먼저 진입하는 것이 중요하다. 이를 파악하기 위해 김해로 임장을 가기 전 생활권별로 몇몇 단지들에 연락해 보았는데, 완전 조용하지는 않고 꾸준히 투자자가 진입하는 분위기라는 것을 확인하였다.

하지만 대부분 김해의 1등 생활권이라고 칭해지는 율하신도시 쪽을 투자하는 투자자였고, 다른 지역은 분위기가 잠잠한 것으로 확인하였다. 당시 원주는 투자자로 항상 붐비는 지역이었고, 이미 과열된 상태라는 판단이 들었다.

그렇다면 남은 지역은 마산과 구미였는데, 마산은 당시 투자금 5천만 원 이내로 투자할 수 있는 몇몇 단지들이 있었으나, 신축 20평대를 투자해 보고 싶은 생각에 제외하였다. 최대한 많은 종목의 투자를 해 보고 싶었는데, 지금 생각해 보면 참 어리석은 생각이었다. 신축과 구축, 평형대에 대한 구분보다는 자기 투자금 내에서 가격이 오를 수 있는 단지를 고르는 것이 중요한데 말이다. 최종적으로 김해와 구미 두 지역에서 투자하기로 결심하고 임장을 시작하였다.

사실 지역민이 아닌 이상 김해라는 지역에 관심이 있는 사람이 많진 않을 것이다. 김해라는 지역에 대해 잠깐 설명을 하자면, 김해는 크게 장유·율하신도시, 구도심 두 곳으로 나눠진다.

특히 율하신도시라는 곳은 당시 투자자의 성지로 불린 곳이었다. 실제로 가 보니 거주 여건이 정말 좋다는 생각이 들었다. 상권은 유해 업소가 전혀 없고, 학원가와 병원으로 채워져 있었다. 가격은 신축아

김해의 지역 구분

출처 카카오맵

파트 30평대가 3~4억대이고 투자금은 5천만 원 미만으로 가능했다. 이곳에 투자하고 싶다는 욕구가 샘솟았지만, 여기는 투자를 하면 안 되겠다고 판단하였다.

당시 함께 부동산 스터디를 하던 분이 '이미 김해는 너무 올랐다', '김해 말고 더 좋은 지역을 알아보라'라는 조언을 해 주었기 때문이다. 실제 거주민이자 선배 투자자의 이야기에 나는 김해를 떠나 구미로 발을 돌렸다.

구미를 돌면서 느낀 점은 이전에 갔던 김해보다 공단이 많아 직장(일거리) 면에서는 좋을지 몰라도 교통이 불편하고 도시의 균질성이나 규모가 작아 보인다는 것이었다.

구미의 아파트를 돌면서 그때 당시 지역을 분석하고 임장을 갔었던

왼쪽에 비해 오른쪽은 아파트끼리만 모여 있어 균질성이 좋다고 볼 수 있다

청주, 전주, 평택, 김해 등과 계속해서 비교하였는데, 그러던 중 정말 마음에 드는 단지를 발견했다. 당시 임장을 하던 구미가 아닌 김해에서 말이다.

당시 내가 알고 있던 지역의 아파트와 가격 비교를 한 그래프

■ 김해/18년식   ■ 구미/15년식
■ 전주/18년식   ■ 청주/12년식
■ 평택/16년식

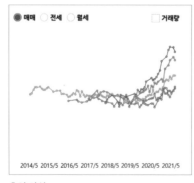

출처 아실

왼쪽 매매 그래프를 보면 가격이 비슷했던 단지들이 격차가 벌어졌

176

고 그 중 빨간색 김해의 단지가 저평가되어 있다는 생각이 들었다. 오른쪽 전세가 비교로 봐도 최근 전세가가 급등한 빨간색(김해)이 입지 대비 가격이 싸다는 생각이 들었다.

그렇게 김해를 다시 둘러보았고, 김해 내에서도 1등 생활권인 A에 비해 저평가되었다고 판단한 2등 생활권인 B 생활권을 주목하였다.

투자 검토 당시 생활권별 여러 아파트의 가격을 비교했다

■ 투자단지　　■ 같은생활권내 신축
■상위생활권 신축　■ 상위생활권 구축

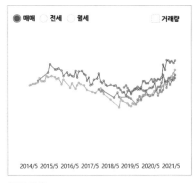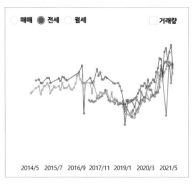

출처 아실

상위 생활권(A)은 이미 가격이 많이 상승했고 투자 단지 생활권(B) 신축이 상위 생활권 구축보다 과거에는 가격이 비쌌으나 투자를 검토할 당시에는 가격이 비슷해져 있었다. 그래서 B 생활권 신축 단지가 저렴해졌다는 판단을 했다. 매매가뿐만 아니라 전세가도 세 개 단지가 비슷한 상황이었다.

투자 단지는 20평대, 30평대, 40평대로 세 가지 평형으로 이루어져 있었는데, 지방 40평형은 나의 투자 대상이 아니었기에 20평대와 30

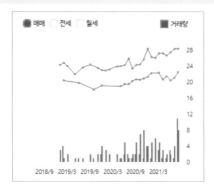
투자 고려 단지 평형별 가격 비교(파란색 - 30평대, 빨간색 - 20평대)

출처 아실

평대의 가격 비교를 했다.

위 그래프를 보면 당시 30평대는 꾸준히 가격이 올랐고, 이에 반해 20평대는 가격이 오르지 않았기 때문에 '20평 대가 저평가다'라는 판단을 하였다. 지금 생각해 보면 오판이었다. 아파트에서 대표적으로 사람들이 선호하는 평수는 23~25평, 32~34평 두 가지이다.

하지만 중간에 끼어 있는 평형인 26~29평, 소형인 23평 이하, 대형인 35평 이상 등의 평형은 지역이나 단지별로 수요가 한정적이다. 특히 끼어 있는 평형인 26~29평은 이 평형으로 움직일 바에는 돈을 덜 주고 23~25평을 가던지 돈을 좀 더 주고 32~34평을 가자는 사람들이 많아서 수요가 제한적이다. 당시 나는 20평대 신축을 투자하고 싶다는 욕심 때문에 이런 부분을 간과하고 '끼어 있는 평형이 30평대보다 저평가'라고 해석해 버린 것이다.

그렇게 해당 단지의 매물을 털었고, 최종 두 가지 매물로 압축하였다. 해당 매물을 보며 사실 싸다는 생각이 들지는 않았다. 매수 기준에서 내가 알려 줬던 싸다는 나의 기준에 부합하지 않았기 때문이다.

당시 나는 '이 가격' 이하가 아니면 절대 사지 않겠다는 매수 가격을 정했었다. 부동산 중개인이나 주변의 소리에 흔들리고 싶지 않았기 때문이다. 이 가격은 '저층 제외 싸게 거래된 실거래가와 저층 호가 정도의 가격'인 2.6억이었다(가격은 예시).

하지만 실제로 현장에 도착하여 분위기를 파악해 보니 이미 상승이 시작되어 2.6억대의 매물은 찾아볼 수 없었다. 가장 괜찮은 매물의 가격은 2.7억으로, 정해 놓았던 목표 가격 안으로 들어오진 않았으나 로열층에, 집 상태도 좋은 매물이었다.

당시 부동산에서 본 해당 아파트의 분양 가격

■ 공급금액 및 납부일정

(단위 ㎡, 명 / 100㎡ 주택형은 부가가치세 포함)

주택형	층구분	공급세대	대지비	건축비	계	1차 (계약시)	2차 (2015. 7. 20)	1차(10%) (2015. 10. 20)	2차(10%) (2016. 3. 20)	3차(10%) (2016. 8. 20)	4차(10%) (2017. 1. 20)	5차(10%) (2017. 6. 20)	6차(10%) (2017. 10. 20)	잔금(30%) (입주지정일)
69.0307	1층	8	71,378,443	172,621,557	244,000,000	5,000,000	19,400,000	24,400,000	24,400,000	24,400,000	24,400,000	24,400,000	24,400,000	73,200,000
	2층	14	71,378,443	177,621,557	249,000,000	5,000,000	19,900,000	24,900,000	24,900,000	24,900,000	24,900,000	24,900,000	24,900,000	74,700,000
	3~5층	42	71,378,443	182,621,557	254,000,000	5,000,000	20,400,000	25,400,000	25,400,000	25,400,000	25,400,000	25,400,000	25,400,000	76,200,000
	기준층	137	71,378,443	187,621,557	259,000,000	5,000,000	20,900,000	25,900,000	25,900,000	25,900,000	25,900,000	25,900,000	25,900,000	77,700,000
	최상층	14	71,378,443	195,621,557	267,000,000	5,000,000	21,700,000	26,700,000	26,700,000	26,700,000	26,700,000	26,700,000	26,700,000	80,100,000
84.8188 A	1층	8	87,703,506	202,796,494	290,500,000	5,000,000	24,050,000	29,050,000	29,050,000	29,050,000	29,050,000	29,050,000	29,050,000	87,150,000
	2층	21	87,703,506	207,796,494	295,500,000	5,000,000	24,550,000	29,550,000	29,550,000	29,550,000	29,550,000	29,550,000	29,550,000	88,650,000
	3~5층	63	87,703,506	212,796,494	300,500,000	5,000,000	25,050,000	30,050,000	30,050,000	30,050,000	30,050,000	30,050,000	30,050,000	90,150,000
	기준층	269	87,703,506	217,796,494	305,500,000	5,000,000	25,550,000	30,550,000	30,550,000	30,550,000	30,550,000	30,550,000	30,550,000	91,650,000
	최상층	21	87,703,506	225,796,494	313,500,000	5,000,000	26,350,000	31,350,000	31,350,000	31,350,000	31,350,000	31,350,000	31,350,000	94,050,000
	1층		87,703,506	202,796,494	290,500,000	5,000,000	24,050,000	29,050,000	29,050,000	29,050,000	29,050,000	29,050,000	29,050,000	87,150,000

그렇게 고민을 하다가 중개소에서 해당 단지의 분양 금액을 보았다. 분양가만 2.59억이고 각종 부대 비용까지 고려하면 분양가와 현재 고려하는 매수 가격과 차이가 없었다.

보통 분양가보다는 가격이 내려가기 힘들기에 잃지 않는 투자는 되겠다는 생각이 들었다. 2.7억 초반으로 전세를 2.5억 선에 맞춘다면 부대 비용까지 3천만 원 내로 투자를 마칠 수 있겠다는 계산이었다.

하지만 절대 가격 면에서는 내 기준안에 들어오지 않는 상황이었다. 그러나 아직 꺾이지 않은 분위기와 앞으로 2.7억 선에서 매물이 나오기 힘들다는 중개인의 말과 고민 끝에 나는 2.7억 초반에 해당 매물을 투자하게 된다. 몇 년의 시간이 지난 지금 해당 투자의 결과는, 앞에 이야기한 그대로이다.

이 투자를 통해 크게 느낀 것은 금전적인 실패가 아니었다. 바로 리스크를 잘 대비하고 투자해야 한다는 것이다. 물론 투자란 리스크가 동반되는 행위일 수밖에 없다.

다만 그 리스크가 감당이 되지 않으면 몇 년 동안 열심히 모은 돈이 한순간에 날아갈 수 있다. 보통 투자할 때 수익만 생각하고 그 과정은 대수롭지 않게 생각하는 경우가 있다.

· 나 정도면 대충 이 정도 대출은 나오겠지.
· 시간 지나면 전세 맞춰지겠지, 부동산 중개인이 전세는 잘 나간다고 했으니까.

물론 순조롭게 일이 잘 풀릴 수 있다. 나도 그럴 줄 알았다. 그런데 투자는 확률 싸움이다 보니 안 그런 경우도 발생한다. 그래서 투자를 하겠다는 사람의 생각은 '겠지'로 끝나는 것이 아니라 '구나'로 끝나야

· 대출상담사에게 알아보니 내가 관심 있는 집을 살 때 ○○억 정도 대출이 나오는구나.
· 해당 아파트 인근에 전세 매물이 없고 앞으로 예정된 공급도 없으니 3개월 이내에는 전세가 맞춰지겠구나.

한다.

내 집 마련이든 투자든 부동산을 사야겠다고 생각하는 사람은 꼭
놓치지 말기를 바란다.

Point

1. 현재 시장이 어느 시기인지 판단하자.

2. 지역의 분위기도 잘 살피자.

3. '이 가격 이하 아니면 사지 않겠다'라는 기준을 정해서 지키자.

4. 욕심 때문에 긍정 회로를 돌리지 말자.

5. 투자 전에 반드시 리스크를 체크하자.

6. 아무리 신축이어도 입지가 더 중요하다.

7. 끼어 있는 평형은 조심하자.

부동산 Plus

- **투자 준비 :** 임장과 분석은 시간과 노력을 아끼지 마라.
- **지역 선정 :** 상승 흐름과 전세가율, 입지 위상 판단은 필수이다.
- **매물 선택 :** 투자금보다 '저평가'에 집중하되, 입지·구조·전세 수요까지 고려하라.
- **실행 :** 조급함보다는 꾸준한 학습과 실행력으로 승부하라.
- **리스크 :** 대출, 전세 리스크, 평형 특성 등 반드시 사전 점검하라.

부동산
체크리스트

□ 저평가와 저가치를 구분할 수 있게 되었다.

□ 주 1회 이상 임장을 다닐 각오가 되었다.

□ '싸게 사는 것'의 중요성을 이해했다.

□ 리스크를 체크하지 않은 투자의 위험성을 체감했다.

□ 이 책을 통해 자기만의 투자 기준을 세웠다.

6장

투자 금액별
액션 플랜

지금
1억이 있다면

대부분이 궁금한 질문은 바로 이것일 것이다.

"지금 ○○원 있는데, 뭐 사야 해요?"

사실 이 질문에 대한 답은 없다. 왜냐하면 개인마다 사정이 나르기 때문이다.

· 집이 필요한 사람 vs 당장 집이 필요 없는 사람
· 자산 증식을 원하는 사람 vs 매달 현금 흐름이 중요한 사람

물론 그 안에서도 사정이 다르다.

· 교통이 중요한 사람

· 학군이 중요한 사람

· 환경이 중요한 사람

사람마다 자기에게 맞는 아파트 단지는 다르다. 하지만 이 책을 읽고 있는 대부분이 '내 집이 없는 무주택자'라고 생각하며 금액별 액션 플랜을 추천하고자 한다. 물론 지금까지 이 책을 잘 읽어 왔다면 스스로 무엇을 해야 하는지, 어디로 임장을 가야 하는지 등을 생각할 것이다. 그래서 이번 챕터는 참고만 하고, 투자는 모두 본인의 선택이라는 것을 잊지 말자.

다른 부동산 책을 읽어 본 사람이라면 이런 사례를 본 적이 있을 것이다.

'3천만 원으로 수도권 투자'

지금 그때의 책을 다시 한번 보면 지금과 다른 점은 아마 해당 책의 저자가 투자할 당시는 2018년도 즈음이나 그 이전일 것이다. 당시에는 분당 바로 아래 급지라고 칭해지는 수지 20평대 아파트도 3천만 원만 있으면 투자할 수 있었다.

하지만 그 당시 3천만 원의 가치와 지금 3천만 원의 가치는 다르다. 특히 최근 물가가 말도 없이 올랐다는 것은 체감하고 있을 것이다. 그만큼 화폐의 가치는 폭락했고, 현시점의 수도권에서 아파트다운 아파트에 투자하려면 적어도 1억은 있어야 한다.

물론 지금도 3천만 원 이하로 수도권 빌라, 지방 아파트 등에 투자

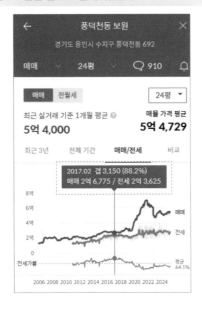

출처 호갱노노

할 수 있다. 하지만 이 책을 읽는 사람 90% 이상은 아파트 특히 신축
아파트를 원할 것으로 생각한다.

특히 과거에는 지방 아파트 여러 채를 투자하여 '한 채가 1천만 원
오르면 10채니까 1억 번 투자'가 가능했다. 하지만 여기에는 말하지
않는 비밀이 있다. 지방까지 가서 투자할 수 있는 월급쟁이가 몇 명이
나 있을까? 이 책을 읽고 투자 의지가 타올랐다 하더라도 90% 이상은
일주일만 지나면 다시 원상 복귀될 확률이 높다(당신은 그러지 않길 바란
다). 나도 당장 '3천만 원만 있으면 투자할 수 있는 지방 신축'이라면서
글을 쓸 수도 있을 것이다. 하지만 지방 다주택은 현실성이 떨어질 뿐
만 아니라 지금 시점에 맞는 투자법은 아니라고 생각한다.

그렇다면 무주택자는 현시점에 어떻게 투자하는 것이 좋을까? 앞서 이야기한 것처럼 지금은 '일시적 1가구 2주택(개인 명의)'을 가져가는 것이 최선이다. 자본금 1억 이하라면 절약을 열심히 해서 먼저 종잣돈부터 모으자. 절약을 생활화하고, 부업 등으로 추가 소득을 만들자. 물론 추가 소득이 한 달에 몇만 원밖에 안 될 수도 있다. 하지만 이런 조그마한 돈들이 모여 당신의 종잣돈 키우는 속도를 배가시킬 것이다. 나도 그런 경험을 했다. 명심하라. 당신이 돈을 어떻게 대하느냐에 따라 돈도 당신을 그렇게 대할 것이다.

만약 1억을 모았다면 어디를 사는 것이 좋을까? 가장 먼저 매수 방식을 결정해야 한다.

① 몇 개월 안에 당장 입주해야 한다면 대출받아서 매수한다.
- 장점 : 몇 달 안에 바로 거주할 수 있다.
- 단점 : 선택할 수 있는 주택 상한선이 낮다. 매달 대출 이자가 나간다.

② 당장 입주할 필요가 없다면 전세를 주고 매수한다.
- 장점 : 선택할 수 있는 주택 상한선이 높다. 대출 이자가 안 나간다.
- 단점 : 바로 입주가 불가하다. 세입자 관리가 필요하다.

개인적으로 아파트 단지를 추천하는 것은 도움이 되지 않을 것이다. 이 책이 나올 시점이 되면 가격이 달라질 것이기 때문이다. 그래서 각 매수 방법별 오를 수 있는 수도권 위주의 지역을 추천하려고 한다. 잘 활용하여 꼭 자기 명의의 부동산을 취득하길 바란다.

대출받아서 매수할 경우

대출받아서 매수할 경우 LTV, DSR이라는 용어부터 알고 있어야한다. 전문 용어처럼 보여서 거부감이 들지만 그렇게 어렵지 않다.

· LTV 70% : 집값의 70%까지 대출해 주겠다.
· DSR 40% : 원리금(원금과 이자)이 연봉의 40%까지만 대출해 주겠다.

생애 최초 무주택자라면 LTV 80%까지 대출이 가능하다. 하지만 보편적으로 LTV 70%까지 대출이 가능하다고 보고 역산해 보면, 매매가 약 3.5억 집까지 매수가 가능하다. 물론 여기에 DSR이라는 규제가 있어서 이 정도를 받으려면 최소 세전 연봉이 4천만 원은 되어야 한다. 2025년 7월부터는 스트레스 DSR 3단계가 실행되어 이 한도가 더 빡빡해질 예정이다.

약 2.5억에 대한 대출 원리금은 매달 128만 원 정도 지출된다. 통상집을 살 때 이 금액이 아깝다고 생각을 하는 사람이 많다. 물론 그냥 나가는 돈이기에 아깝지 않다고 하면 거짓말이다.

하지만 자기 소유의 자산이 없는 것과 매달 돈이 나가더라도 결국에는 온전한 자기 자산이 생기는 것은 완전히 다른 문제다.

젊을 때야 건강해서 어떤 일이라도 할 수 있지만 몸이 아픈 노후까지 전월세 비용에 전전긍긍하기는 힘들지 않겠는가? 우리가 노후를 보낼 때쯤에는 전월세 가격이 더 올라 있을 것이라는 예상도 쉽게 할 수 있다.

또한 지금 사는 집에서 평생 살 것도 아니다. 저평가된 아파트를 잘

골라서 몇 년 뒤에 오르면 팔고 다시 갈아타기를 하면 된다. 평생 대출 갚을 생각부터 하지 마라. 그건 마치 '나는 자본주의를 모르는 사람이다'라고 광고하는 것과 같다.

그렇다면 수도권에서 3.5억짜리 집은 어디에 구할 수 있을까? 크게 보면 3.5억대라는 금액은 현재 서울의 하위 급지(노원구, 도봉구, 강북구) 10, 20평대, 경기도 중하급지(파주, 광주, 김포, 안산, 용인 기흥구 등)에 포진하고 있다. 이 중에서 나는 1기 신도시 재건축 영향권인 군포 산본, 영통 20평대, 광운대 역세권 인근 10평대 구축을 추천한다.

이전에 오를 수 있는 지역으로 입지가 변화하는 곳, 지역이 새롭게 태어나는 곳, 입주물량이 많다가 줄어드는 곳 세 가지를 제시했었다. 이 중에서 군포 산본은 두 번째에 해당한다. 그런데 앞에서 1기 신도

산본역 근처에 포진하고 있는 3억대 20평대 아파트

출처 호갱노노

시 재건축이 이뤄지려면 한참 남았다고 했었다. 그래서 '지금 1기 신도시를 매수해서 새 아파트가 될 때까지 기다리겠다'는 것은 욕심이다.

다만 그 기간 동안 1기 신도시에 여러 이슈가 있을 때마다 이런 관심으로 인해서 시세가 자극될 것이라는 정도로 생각하고 매수하는 것이 좋다. 그런 측면에서 3억대로 1기 신도시 재건축의 영향을 받을 수 있는 산본을 매수한다면 좋은 선택이 될 것으로 본다. 여기에 더해 1기 신도시는 실거주하는데 구축이라는 점만 제외하면 거주 요건이 상당히 좋은 편에 속한다. 교통, 학군, 환경 모두 베스트는 아니지만 부족한 점이 없다.

영통은 1기 신도시는 아니지만 1기 신도시와 비슷하고 반듯한 택지 지구에 주거 환경이 좋다. 다만 교통이 다른 지역에 비해 약점인데, 그 부분을 고려하더라도 3억대에 처음으로 내 집 마련을 하기에

많지는 않지만 영통역 근처, 청명역 근처에 3억대 20평대 아파트가 있다

출처 호갱노노

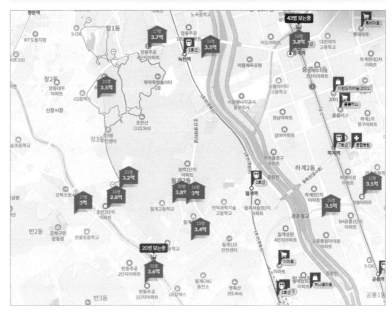

광운대 역세권 인근에 포진하고 있는 3억대 10평대 아파트

출처 호갱노노

아까움이 없는 지역이라 생각한다. 특히 영통은 전통적으로 학군이
좋은 지역이고, 예전부터 부촌으로 칭해져 오던 곳으로 주민들의 수
준 또한 높은 편이다.

마지막으로 광운대 역세권의 영향을 받을 수 있는 월계동, 창동 10
평대 아파트를 추천한다. 위 지역은 주변이 바뀌고 호재까지 있는
지역이라 할 수 있다. 광운대 역세권 개발은 서울에서 야심 차게 추
진하고 있는 계획으로, 현대산업개발 본사가 들어오는 직장 호재와
GTX-C 노선이 지나가는 교통 호재가 있다.

또한 약 1,900세대 프리미엄 단지로 들어오는 서울원 아이파크, 서

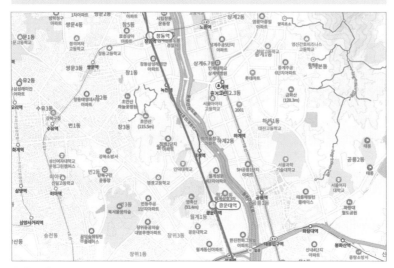

광운대 역세권에 직장 호재와 교통 호재가 있다

출처 호갱노노

울의 대표적인 재건축 단지인 미미삼(월계미륭, 미성, 삼호) 등을 통해 새로운 도시로 변모할 예정이다. 이러한 여파를 바로 위쪽인 월계나 창동 쪽에서 받을 것이다.

앞서 소개한 세 개 지역에서 첫 집을 시작하고 산본은 안양으로, 영통은 수지로, 광운대 역세권에서는 동대문구로 갈아탈 수 있는 목표도 정할 수 있다. 그렇게 한 단계씩 밟아 나가면 언젠간 서울의 중심지로 들어갈 날이 오지 않을까 한다.

전세를 주고 매수할 경우

먼저 전세를 주고 매수한다는 말의 뜻을 알아보자. 우리나라의 집에 거주하는 방식은 총 세 가지가 있다. 매매, 전세, 월세이다. 만약 A

라는 사람이 가 주택에 전세로 거주하고 있다고 치자. 그렇다면 가 주택의 집주인은 A일까? 아니다. 전세는 소유권이 없고 잠깐 빌리는 개념이다. 차로 치면 렌트카쯤 된다. 이 집의 집주인은 B이다. 가 주택은 B라는 사람이 가지고 있으나 실제 사는 것은 A로, B가 A에게 전세를 주고 집을 매수한 것이다.

여기서 좀 더 나아가 보겠다. B는 이 집을 3억에 샀고 A에게 2.5억에 전세를 주었다. 그렇다면 A는 2.5억을 내고 전세를 살고, B는 5천만 원만 내고 집을 산 것이다.

그런데 어떻게 B는 집의 소유권을 가지고 있는데도 A보다 돈을 훨씬 적게 낸 것일까? 바로 B는 전체 집값 3억에서 A의 전세금인 2.5억을 빼고 5천만 원만 납부하면 되기 때문이다. 물론 B는 A의 전세 만기에 맞춰서 다시 2.5억을 돌려줘야 한다. 하지만 A의 전세 기간인 2~4년 동안 B는 무이자로 A의 돈을 빌린 것이다.

이런 방식으로 집을 매수한다면 1억의 돈이 있다면 4억 집도 매수할 수 있고, 5억 집도 매수할 수 있다. 현시점에 1억으로 매물을 볼 수 있는 수도권 지역으로는 고양 덕양구, 김포 구래동, 안산 초지동 등을 들 수 있다. 이중에서는 개인적으로 고양 덕양구, 안산 초지동을 추천한다.

고양 덕양구는 창릉신도시가 생기면 일시적으로 전세값 하락이라는 영향을 받을 것이다. 하지만 장기적으로는 그 일대가 좋아지는 것이기에 호재가 될 것이며, GTX-A 대곡역의 영향은 2028년 삼성역이 개통하면 더 커질 것이다.

안산은 외국인 노동자의 도시라는 인식이 있다. 하지만 실제로 임

창릉신도시와 바로 옆에 고양 덕양구, 대곡역

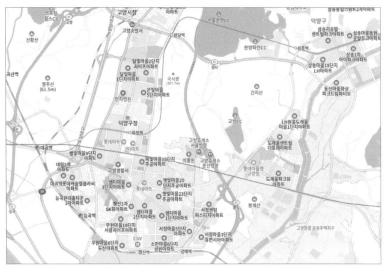

출처 카카오맵

안산 초지동, 고잔동 일대

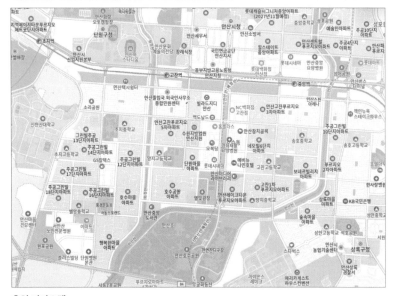

출처 카카오맵

196

장을 가 본 안산은 택지 지구가 반듯하고 조용한 도시였다. 그중에서도 초지동, 고잔동 일대는 거주 여건에서 부족함이 없어 보였으며 신안산선 개통으로 인한 수혜도 받을 것으로 생각된다.

김포 구래동은 지난 상승장에서는 큰 상승을 얻었으나 경기도 최외곽 지역이라는 점에서 다음 상승장이 오지 않는 한 앞으로 상승은 쉽지 않아 보인다.

이외에도 돈을 좀 더 모으거나 추가 금액은 신용대출을 받아서 다음 챕터에서 알아볼 2억 내에 있는 갭 지역을 매수하는 것도 방법이되겠다.

수도권에서 1억대로 주택을 매수할 수 있다는 것은 그만큼 전세가율이 높다는 것을 의미한다. 물론 앞에서 이야기한 대로 전세가율이 높다고 무조건 올라간다는 것은 옛날이야기다.

하지만 추천한 지역들은 수요가 꾸준한 지역이기에 충분히 전세가가 매매가를 끌어올릴 확률이 높다고 생각한다.

대출 이자를
감당할 수 있을까

대출을 받아서 집을 산다는 것에 대해 많은 사람이 걱정하고 우려한다. 그런데 우리가 두려움을 느끼는 경우는 언제일까를 생각해 보자. 바로 정확히 알지 못하는 분야나 일에 대한 두려움이다. 이렇게 말하는 사람들은 대출받았을 때 매달 원금과 이자를 얼마나 갚아야 하는지 정확히 모르기 때문에 이런 말을 할 확률이 높다.

사고 싶은 집의 가격대가 6억이라고 해 보자. 6억짜리 집을 살 때 대출을 얼마나 받을 수 있고 매달 얼마나 갚아야 하는지 알고 있는가? 대부분은 정확히 모를 것이다. 정확히 알고 있다면 두려워할 필요가 없다.

연봉별로 받을 수 있는 최대 대출 금액

연봉	최대 집값	대출 가능	월 상환액	필요 금액
4,000만	3.6억	약 2.52억	약 128만 원	1.08억
5,000만	4.5억	약 3.15억	약 160만 원	1.35억
6,000만	5.4억	약 3.78억	약 192만 원	1.62억
7,000만	6.3억	약 4.41억	약 224만 원	1.89억
8,000만	7.2억	약 5.05억	약 257만 원	2.16억
1억	9억	약 6.31억	약 322만 원	2.7억
1.2억	10.8억	약 7.57억	약 386만 원	3.24억

위 표는 연봉별로 받을 수 있는 최대 대출 금액으로, 이전에 말했었던 DSR 40%를 기준으로 산출한 것인데, 최대로 가능한 대출이기 때문에 개인의 상황에 따라 유동적으로 대출 금액을 정하면 되겠다. 금융당국에서 DSR을 40%로 설정했다는 것은 가계부채를 안전하게 상환할 수 있는 기준의 의미이기도 하다.

그래서 개인적으로는 가능한 DSR 안에서 최대한 대출을 받는 것이 좋다고 생각한다. 앞으로는 양극화가 더 심해질 것이기 때문이다. 최대한 레버리지(대출, 전세)를 활용하여 최대한 좋은 입지로 들어가는 것. 모든 전략에서 반드시 잊지 말아야 할 포인트이다.

02

지금
2억이 있다면

2억이 있으면 1억이 있을 때보다 훨씬 선택의 폭이 넓어진다. 2억이 있다면 대출로도 대략 7억 이하의 아파트를 볼 수 있고, 이 정도 금액이면 서울도 전세를 껴서 살 만한 단지를 찾아볼 수 있기 때문이다.

대출을 받아서 살 경우

먼저 대출을 받아서 살 때 LTV 70%로 역산하였을 때 약 7억 집까지 매수할 수 있다. 물론 개인별로 DSR이 다르지만, DSR이 가능하다고 가정하고 설명하고자 한다.

7억에 추천하고 싶은 지역에는 1억대에서 추천했던 창동, 월계동 20평대, 길음뉴타운 20평대, 구리 20평대, 하안동 20평대, 수지 20평대를 추천한다. 사실 10평대는 1인 가구나 최대 2인 가구가 살 만한

길음역 왼쪽 위로 위치한 길음뉴타운

출처 카카오맵

정도이다. 아이들이 생겨 3인 이상이 된다면 필연적으로 20평대로 갈아타야 하는데 애초에 20평대로 들어가는 것이 좋고 나중에 환금성을 위해서도 좋다.

길음뉴타운의 가장 큰 장점은 종로 접근성이다. 4호선을 통하면 20~30분 내로 종로 업무 지구에 접근할 수 있는데, 이런 지역을 2억으로 살 수 있다. 여기에 더해 뉴타운인 만큼 아파트의 연식도 나쁘지 않다.

주로 2000년대 초중반에 입주한 길음뉴타운 아파트

출처 호갱노노

 구리는 2024년 8월에 8호선이 개통되어 잠실 접근성이 획기적으로 개선되었다. 물론 개통이 완료되어 가격에 반영되었으나 요즘 부동산 분위기가 좋지는 않은 만큼 아직 상승 여력은 남아 있다고 본다. 매매가 대비 전세가가 많이 올랐기 때문이다. 또한 구리에 앞으로 남아 있는 호재는 인근의 재개발 지역이다.

 여기에 더해 구리시는 물리적인 위치 자체가 서울의 바로 옆이기에

인근 재개발과 재건축이 많이 남아 있는 구리

출처 리치고

중랑구, 강동구와 바로 붙어 있는 구리

출처 카카오맵

자차로도 접근성이 매우 뛰어난 입지라고 생각한다.

수지는 항상 거래량이 상위권에 위치하는 지역이다. 거래가 많다는 것은 그만큼 수요가 많다는 걸 의미한다. 여기에 더해 신분당선을 통한 강남 접근성이 좋고, 주변 학교들의 학업성취도가 높으며 거주민의 소득 수준도 평균 이상인 지역이다. 게다가 용인 플랫폼시티 개발이 이루어지면 개발 수혜도 입을 수 있는 지역이니, 2억대로 첫 내 집 마련을 하기에 부족함이 없다고 생각한다.

경기 남부 쪽이 아닌 서쪽을 알아보고 있다면 광명 하안동을 추천하고 싶다. 하안동을 임장 갔을 때의 첫 느낌은 경기도의 중계동과 같은 느낌을 받았다.

서울의 대표적인 학원가에는 대치동, 목동, 중계동 학원가가 있는

광명 하안동 학원가

출처 호갱노노

데 하안동도 중계동 학원가처럼 엄청난 규모를 자랑하고 있었고, 중계동과 비슷하게 오래된 연식의 아파트로 이루어져 있었기 때문이다.

하지만 이 말의 반대는 언젠가는 하안동도 재건축 이슈가 있을 수밖에 없고 과정마다 가격에 반영이 될 것이란 것이다. 물론 사실 하안동 재건축은 아직 시작도 안 한 단계이기 때문에 정말 먼 미래라고 보는 것이 좋다.

전세를 끼고 매수할 경우

전세를 끼고 매수하면 사실 대출을 받고 살 경우보다 선택지가 확 넓어지지는 않는다. 이전에 2억으로 살 수 있는 서울 아파트를 내 인

130만 뷰를 기록한 2억으로 살 수 있는 서울의 아파트

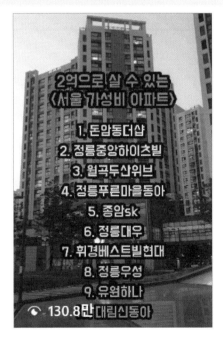

스타 계정에 올린 적이 있었다.

물론 2억으로 서울에 집을 살 수 있다는 자체가 나쁘지 않다고 생각한다. 다만 서울 아파트를 전세끼고 매수하고 싶다면 차라리 2억의 전세에 1억을 더해 갭 3억이 나는 아파트를 보기를 추천한다.

가장 최신 데이터로 서울 아파트의 평균 전세가율은 약 56%이다. 하지만 다음의 표와 같이 서울의 일부 구는 이보다 높은 60%대 이상의 전세가율을 보인다. 여기에 더해 다음의 데이터는 평균이기에 앞에

2024년 12월 기준 3개월 서울 일부 구의 아파트 전세가율

시군구	아파트 전세가율(%)
강북구	66.6
중랑구	66.1
은평구	66
금천구	64.4
구로구	63.1
성북구	62.7
관악구	62.7
도봉구	62.3
중구	61.9
동대문구	61.7
종로구	60.4
서대문구	60
강서구	60

출처 한국부동산원

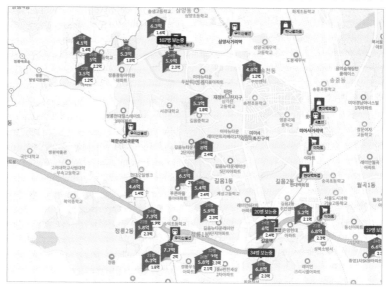

호갱노노는 실거래가로 나와 있어 실제 갭은 더 적을 수도 있다

출처 호갱노노

서 설명한 지역을 찾아보면 전세가율이 70%에 육박하는 아파트들도 찾을 수 있을 것이다. 이 말인즉슨 해당 지역에서 전세 갭 2억인 아파트의 가격은 약 7억이다. 이 정도 가격대면 대출을 받아서 살 때의 기준과 같다.

하지만 차이점은 앞에서 추천했던 서울 지역 아파트는 대부분 전세가율이 낮다는 점이다. 그래도 2억으로 서울에 진입하고 싶다면 미아뉴타운의 안쪽 단지들을 추천한다.

경기도에서 부동산을 사겠다면 용인 수지, 수원 영통, 장안, 동탄1신도시 정도에서 아파트 단지를 찾을 수 있는데, 이 중에서 수지를 추천한다. 특히 수지에서도 죽전동에 주로 전세 갭으로 2억에 아파트를

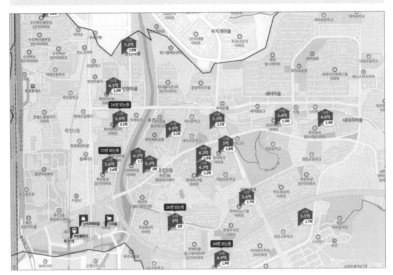

갭 2억인 단지가 아직 많은 죽전동

출처 호갱노노

살 수 있다.

　수지는 크게 6개 동으로 나눌 수 있는데, 그중에서 가장 많은 사람이 관심 있는 곳은 풍덕천동이다. 신분당선 개통 이후 강남 접근성이 획기적으로 개선되었기 때문이다. 사실 이전에 수지의 중심은 죽전동이었다. 분당선 죽전역이 수지의 메인 노선이었고 신세계 경기점, 분당과의 접근성도 수지에서 좋은 편이었기 때문이다.

　하지만 신분당선 개통 이후 풍덕천동에 밀렸고, 지난 2021~2022년 부동산 급등기에도 가격 상승이 수지의 다른 동들보다 더뎠다. 하지만 앞에서 설명한 것처럼 거주 여건은 뛰어난 편이기에 전세가가 오른 지역이 바로 죽전동이다.

정부 정책 상품을 활용하자

요즘 금리가 내려갔다 해도 아직 4%대 금리를 유지하고 있다. 이런 상황에서 정부 정책 상품을 활용할 수 있는 사람이라면 꼭 활용하는 전략이 필요하다. 자세한 정부 정책 내용은 인터넷 검색으로 자세하게 확인할 수 있다. 관심 있는 매물의 가격이 해당 대출 내용에 적합하다면 자세하게 확인해 보길 바란다.

① 생애 최초 디딤돌 → 5억 이하 LTV 80%이나 한도가 3억까지(DSR은 보지 않으나 DTI는 본다)
② 신혼부부 전용 주택 구매 자금 대출 → 6억 이하 4억까지 저금리로 대출 가능
③ 신혼, 다자녀 디딤돌 → 6억 이하 LTV 70%이나 최대 4억까지
④ 신생아 특례 → 9억 이하 최대 5억까지 → 2억 있다면 7억 이하까지
⑤ 보금자리론 → 6억 이하 LTV 70%이나 최대 3.6억까지(3%대 고정금리, 다자녀, 생애 최초 4.2억까지)

대출 종류	대상 주택	대출 한도	금리	연소득 기준	LTV	DSR	DTI
생애 최초 디딤돌	5억 이하	3억	2.35~ 3.65%	7,000만 원 이하	80%	×	60% 이하
신혼부부, 다자녀 디딤돌	6억 이하	4억	2.35~ 3.65%	다자녀 7,000만 원 이하, 신혼부부 8,500 만 원 이하	70%	×	60% 이하
보금 자리론	6억 이하	3.6억 (다자녀, 생애 최초 4.2억)	3%대 고정금리	7,000만 원 이하	70%	×	60% 이하
신혼부부 전용 구입 자금대출	6억 이하	4억	2.55~ 3.85%	8,500만 원 이하	80%	×	60% 이하
신생아 특례대출	9억 이하	5억	1.8~ 4.5%	1.3억 이하 (맞벌이는 2억 이하)	70% (생애 최초 80%)	×	60% 이하

03

지금
3억이 있다면

대출을 받아서 살 경우

3억 정도 금액이 있다면 서울에서도 신축아파트를 매수할 수 있는 수준이다. 대출로 보면 LTV 70%일 때 10억까지도 가능하다. '서울+신축아파트'라고 하면 대부분 엄청 비쌀 것으로 생각하는데, 반은 맞고 반은 틀린 이야기이다.

엄청 비싼 아파트도 있지만, 충분히 도전할 만한 가격대의 신축아파트도 존재하기 때문이다. 10억은 고사하고 9억 이하인 단지들도 있다. 3억으로 집을 구하는 신혼부부라고 한다면 서울에서 신축아파트를 신혼집으로 구할 수도 있다.

서울 9억 이하 신축아파트

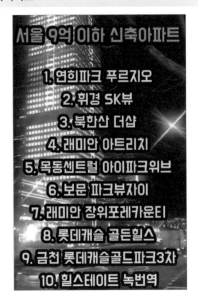

나의 인스타 첫 성장을 만들어 준 '서울 9억 이하 신축아파트' 콘텐츠가 터진 이유를 돌이켜보면, 바로 '서울 신축아파트는 당연히 몇십억 할 것이다'라는 사람들의 편견을 깨 주었기 때문이었다. 서울은 25개 구가 있고 순위를 매겨 보면 다음과 같다. 이 순위는 암기해 두면 도움이 될 것이다.

서울 급지 순위(최근 3년간 평당가 기준)

순위	지역	순위	지역
1	강남구(7,115만)	14	서대문구(3,154만)
2	서초구(7,071만)	15	강서구(3,145만)
3	용산구(5,927만)	16	동대문구(2,899만)

순위	지역	순위	지역
4	송파구(5,247만)	17	성북구(2,725만)
5	성동구(4,417만)	18	관악구(2,709만)
6	양천구(4,354만)	19	은평구(2,703만)
7	광진구(4,301만)	20	노원구(2,677만)
8	마포구(4,186만)	21	구로구(2,591만)
9	강동구(3,765만)	22	중랑구(2,436만)
10	영등포구(3,757만)	23	금천구(2,344만)
11	동작구(3,722만)	24	강북구(2,318만)
12	종로구(3,712만)	25	도봉구(2,252만)
13	중구(3,669만)		

출처 한국부동산원

　서울에서 10억 이하로 접근할 수 있는 신축아파트는 대부분 하위 구에 있다. 물론 신축아파트를 원하는 사람이라면 해당 신축아파트를 매수하는 것을 반대하지는 않는다.

　다만 개인적으로는 신축이라는 상품보다는 구축이더라도 더 좋은 지역이나 입지를 선택하길 바란다. 신축은 연도가 지남에 따라 수요가 줄어들지만 입지는 시간이 지나도 수요가 꾸준하거나 더 높아지기 때문이다. 구축이라면 3억으로 서울 성동구, 마포구 등 주요 입지들에 입성을 할 수 있다. 구축아파트를 고려한다면 다음 질문을 생각해보자.

　'성동구에서 제일 안 좋은 구축아파트 vs 동대문구에서 제일 좋은 구축아파트'

둘 다 비슷한 연식이라고 할 때 용의 꼬리를 선택하는 것이 좋을지, 뱀의 머리를 선택하는 것을 좋을지 말이다. 결론부터 얘기하면 용의 꼬리를 선택하는 것이 좋다고 생각한다. 가격을 떠나서 한 번 그 지역에 터를 잡으면 다른 지역으로 옮기는 것이 쉽지 않기 때문이다.

지금 사는 지역만 생각해 보면 최소 5년 이상은 거주한 경우가 많을 것이다. 특히 아이가 있으면 전학을 간다는 것은 보통 결단이 있지 않고서야 쉽지 않다.

그리고 사람인지라 보통은 내가 사는 동네 A가 객관적으로 B라는 지역보다 낮은 평가를 받고 있어도 내가 사는 지역이 더 좋다고 생각하는 경향이 있다. 그래서 다른 지역으로 옮기는 것이 쉽지 않다. 처음 결정할 때 최대한 좋은 입지로 들어가야 하는 이유이다.

아현뉴타운 개발로 마포구의 위상이 높아졌다

출처 호갱노노

전세를 끼고 살 경우

전세를 끼고 살 경우에도 선택지가 넓어진다. 서울에서 3억으로 갈 수 있는 최대 입지는 마포구, 서대문구, 관악구 정도가 있다. 이 중에서 가장 좋은 입지는 뭐니 뭐니해도 마포구이다. '마용성'이라는 말을 한 번쯤 들어본 적이 있을 것이다. '마포구, 용산구, 성동구'라는 서울에서도 상위 급지를 부르는 용어인데, 그만큼 마포구는 서울에서도 위상이 높은 지역이다. 특히나 아현뉴타운 개발을 통해서 마포래미안푸르지오(마래푸), 마포프레스티지자이 등 부동산을 대표하는 단지들이 마포구의 위상을 높였다.

대흥동 일대에 유명 학원들이 들어서며 학군도 많이 좋아지고 있다

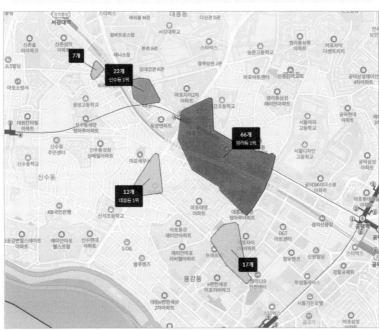

출처 호갱노노

또한 최근에는 대흥동 일대에 유명 학원들이 들어서며 부족했던 학군이라는 요소도 개선되고 있다. 물론 마포구에서 3억의 갭으로 살 수 있는 단지가 많지는 않지만, 20평대 소형 평수 위주로 검색해 보면 분명 찾을 수 있을 것이다.

경기도에서 살펴보면 하남, 구리, 평촌, 수지 정도를 살펴볼 수 있다. 개인적으로는 최대한 서울에서 3억 갭으로 살 수 있는 단지를 찾아보는 것이 좋다고 생각한다. 경기도의 상위 급지라고 해도 결국에는 서울 주요 입지에 부동산을 소유하는 것이 더 가치가 있기 때문이다.

지금까지 금액별, 매수 방법별 매수 가능 지역들을 살펴보았다. 한 가지 주의할 점은 조언해 준 지역을 사면 무조건 오르겠지라는 생각은 오산이라는 점이다. 아무리 뛰어난 분석과 평가라고 하더라도 100%는 없다. 다만 오랫동안 부동산에 관심을 가진 선배로서 해당 지역이 오를 확률이 높다고 조언하는 정도로 생각해 주면 좋겠다.

가지고 있는 자금과 관심 있는 투자 방법에 맞게 조언한 지역들을 하나씩 임장하라. 관심이 가는 지역을 다 임장했다면 관심단지도 방문하여 서로 가격 비교를 해서 저평가된 단지를 찾아라. 그리고 내가 알려 준 실패할 수 없는 매수 기준에 부합한다면 매수를 고려하면 된다.

마지막으로 잊지 말아야 할 한 가지는 최대한 레버리지(대출, 전세)를 활용하여 가능 범위에서 최대한 좋은 입지로 들어가는 것이다. 인구가 줄어들고 저성장이 길어짐에 따라 필연적으로 발생하는 것이 바로 양극화이다. 양극화란 쉽게 말해 좋은 것만 살아남는다는 것이다. 그만큼 살아남을 확률을 높이기 위해서는 최대한 좋은 지역의 부동산을 사라.

명의란 무엇인가

부동산에서 중요하게 알아야 할 것 중의 하나가 바로 '명의'이다. 명의란 쉽게 말해 집주인이 될 수 있는 객체이다. 우리나라에서는 총 세 가지 명의가 있다. 개인, 사업자(매매, 임대), 법인이다.

개인은 말 그대로 내가 집을 사면 개인 명의다. 사업자는 집을 개인 명의로 사고 사업자를 내서 그 사업자에게 집을 등록하는 것이다. 법인은 매매 전 법인이라는 회사를 차리고 법인 명의로 집을 사는 것이다.

앞에서 설명한 '일시적 1가구 2주택'은 개인 명의에서 최고의 방법이다. 그리고 나머지 사업자와 법인은 다른 용도로 활용할 수 있다.

사업자란 말 그대로 부동산으로 사업을 한다는 의미이다. 매매사업자란 부동산을 사고팔면서 사업을 한다는 것이다. 임대사업자는 부동산을 임대하는 사업을 한다는 것이다.

간단하게 사업자 명의를 활용하는 방법은 매매사업자로 시세 대비 부동산을 싸게 사서 단기에 파는 활동을 1년에 최소 2회 이상 한다는 것이다. 여기서 주의할 점은 사업자는 개인보다 취득할 때 내는 세금(취득세)이 많다는 점이다.

그만큼 매매사업자는 공시지가 1억 이하 주택을 노리는 것이 좋다. 공시지가 1억 이하 주택은 사업자라 하더라도 개인과 똑같은 취득세를 내기 때문이다. 주택의 공시가격은 공시지가 알리미 사이트나 네이버페이 부동산에서 해당 단지를 검색한 뒤 공시가격 탭에서 확인할 수 있다. 한 가지 체크해야 할 부분은 2025년 1월 정부에서 지방 부동산을 살리기 위한 명목으로 공시지가 1억 기준을 2억으로 늘리겠다는 발표를 했다. 시행을 확인해 보길 바란다.

'2025년 경제정책 방향' 공고문 중 일부

---

④ 지역경기 활력 제고를 위한 지방 우대 중심의 정책 설계

❶ (부동산) 지방 부동산에 대해 세금 중과를 완화

- 종합부동산세의 1세대 1주택자 특례가 적용되는 지방 저가주택 대상 확대(공시가격 3억원 이하 → 4억원 이하)

- 취득세 중과가 제외되는 저가주택 기준을 지방 주택에 한해 완화(공시가격 1억원 이하 → 2억원 이하)

【 지방 미분양 해소를 위한 맞춤형 지원방안 본격 추진 】

① 기존 1주택자가 지방 준공후 미분양 주택 구입 시 세계상 1세대 1주택 특례 유지 ('25.1.1. 「조세특례제한법」 시행)
  - 전용면적 85㎡ 이하, 취득가격 6억원 이하의 준공 후 미분양 주택으로 '24.1.10~'25.12.31까지 취득 시

② 주택건설사업자가 지방 준공후 미분양 주택을 임대주택으로 활용 시 원시취득세 최대 50% 감면
  - '24.1.10~'25.12.31까지 준공된 취득가액 3억원 이하, 전용면적 85㎡ 이하 미분양 주택으로서 '25.12.31까지 2년 이상 임대계약을 체결한 주택

사업자의 장점은 단기로 주택을 팔 때 내는 세금(양도세)이 개인보다 훨씬 적다는 점이다. 그래서 단기에 집을 사고파는 사업이 가능한 것이다. 단기 매매로 시세 차익을 모으면, 절약으로 돈을 모을 때 보다 훨씬 빠르게 종잣돈을 키울 수 있다.

법인은 비주택 투자할 때 유용하다. 비주택에는 상가, 오피스텔, 빌딩 등이 있다. 주택 투자를 통해 종잣돈을 불리고 최종에는 법인을 통해 사업소득, 상가, 건물, 모텔 투자 등으로 나아가는 것이 요즘 부자의 테크 트리이다. 이 책에서는 아파트 투자를 위주로 다루기에 '법인이라는 것이 있다' 정도만 알아두면 좋겠다.

부동산 Plus

- 지금 가진 돈으로 어디를 사야 할지 궁금하다면, 내 상황(입주 vs 투자)
과 성향(현금 흐름 vs 자산 증식)에 따라 전략을 달리해야 한다.
- 모든 투자에 앞서, 최대한 좋은 입지로 진입하라는 원칙을 잊지 말자.
- 대출과 전세 등 레버리지를 적극적으로 활용한다.
- 정부 대출 정책(디딤돌, 신혼부부 대출 등)도 꼼꼼히 체크한다.
- 명의에 따라 전략이 달라진다(개인, 사업자, 법인).

부동산
체크리스트

□ 대출 활용 전략(LTV/DSR)을 이해하고 계산해 봤다.

□ 감당이 가능한 월 대출 상환액을 산출했다.

□ 정부 정책 대출 상품을 체크하고 대상 여부를 확인했다.

□ 전세를 끼고 투자하는 방법을 정확히 이해했다.

□ 현재 투자금(1억/2억/3억)을 기준으로 대출 및 투자 가능 지역을 파악했다.

□ 장기적으로 '좋은 입지'에 자산을 보유하는 전략을 세웠다.

□ 투자금 + 레버리지를 활용한 최적의 지역 리스트를 만들었다.

부록

필수 부동산 앱
사용법

우리나라 사람의 99%가 스마트폰을 쓰고 있는 시대이다. 누군가는 아무 소득 없이 스마트폰으로 시간을 소비하지만, 누군가는 스마트폰으로 돈을 벌고 지식을 쌓는다. 부동산에서도 스마트폰의 활용은 중요하다. 부동산에 조금만 관심 있는 사람이라면 네이버페이 부동산, 호갱노노 정도는 알겠지만, 더 다양하고 확실하게 앱을 사용하고 활용하는 방법에 대해 알아보자. 부동산 투자 생활에 도움이 될 것이다.

01

아실

아실(아파트 실거래가) 앱은 모든 부동산 앱 중 가장 많이 사용하는 앱이다. 그만큼 유용한 기능이 많은데 주로 사용하는 기능은 다섯 가지 정도가 있다. 하나씩 알아보자.

가격변동

가격변동은 앞에서도 정말 많이 언급된 기능이다. 그만큼 개인적으로는 매우 중요하다고 생각하는 부분이다. 각 지역마다의 전세, 매매 흐름을 보여 준다. 전세가의 변동에 따라 매매가가 영향을 받기 때문이다.

아실 > 가격변동

현재 시장을 요약하자면 매매는 서울·경기 상위 급지, 전세는 입주가 많은 지역을 제외한 전국이 오르고 있다. 전세가 대부분 오르고 있고, 앞으로는 점점 입주물량이 줄어들기에 가격변동이 더욱더 중요해질 것으로 생각한다.

서울 강남구의 매매/전세 가격변동

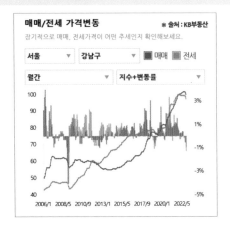

이전 장에 서울의 바닥은 2013~2014년 경이었는데, 당시 매매전세 지수를 보면 전세가 매매보다 높은 모습이다. 이는 사람들이 매매가 아닌 전세로 사는 수요가 많다는 의미인데, 이후 서서히 매매지수도 상승하는 모습을 보인다.

만약 그때 매수했다면 엄청난 이득을 봤을 것이다. 꼭 서울이라서 그런 것이 아니다. 서울 말고도 이런 모습을 보였던 지역은 많이 있다. 가격변동 기능도 익힐 겸 그런 모습을 보였던 지역을 직접 찾아보길 권한다.

여러단지비교

신발을 고를 때도 다른 상품과 품질이나 가격에 대해 여러 번 비교하고 구매하게 된다. 마찬가지로 아파트도 여러 비슷한 아파트와 비교를 해 보는 것이 중요하다.

신발을 같은 사이즈, 비슷한 종류 등의 기준을 맞추고 비교한다면

아실 앱 > 여러단지비교

아파트도 같은 기준을 맞추고 비교해야 한다. 나는 비슷한 연식, 같은 평형의 아파트라는 기준을 맞추고 비교하고 있다.

과천의 래미안슈르와 부산의 삼익비치는 보통 2억가량 가격 차이

과천과 부산을 대표하는 두 단지의 가격 비교

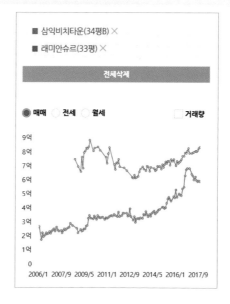

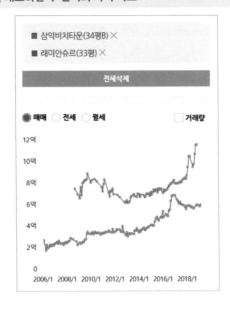

가 났었다.

그러다가 과천의 래미안슈르가 수도권 상승장을 타고 순식간에 가격이 상승하였다. 2억의 차이가 나던 단지가 6억의 차이가 나니 부산의 삼익비치가 저렴해 보인다.

그러다 보니 저렴해 보이는 삼익비치도 급등하는 모습을 보인다. 그러다가 삼익비치가 래미안슈르보다 비싸지니 다시 그 격차를 맞춰가는 모습이다.

결국 가격을 비교해서 과거 가치보다 저렴해진 단지를 찾아내는 것이 상대적인 저평가를 찾는 방법이다. 물론 특정한 단지만 저평가된 경우는 많지 않다. 저평가된 지역을 찾아서 그 지역 내에서 단지별로 비교해 보자. 단, 이렇게 가격을 따라 급등하는 것은 상승장에서 일어

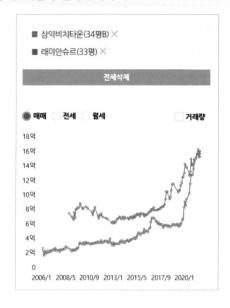

과천과 부산을 대표하는 두 단지의 가격 비교

■ 삼익비치타운(34평B) ×
■ 래미안슈르(33평) ×

전체삭제

● 매매 ○ 전세 ○ 월세 □ 거래량

18억
16억
14억
12억
10억
8억
6억
4억
2억
0
2006/1 2008/5 2010/9 2013/1 2015/5 2017/9 2020/1

나는 일이라는 점은 주의해야 한다.

공급물량

공급물량은 앞에서 언급했었기에 간단하게 살펴보자. 공급은 해당 지역만 보기보단 해당 지역과 인구 이동이 많은 두 개 지역 정도를 같이 보는 것이 좋다. 두 개 지역에 공급이 많으면 당연히 내가 관심 있는 지역의 수요를 뺏기기 때문이다. 반대로 인구 이동이 거의 없는 지역에는 공급이 많든 적든 내가 관심 있는 지역에는 큰 영향이 없다.

특히 입주물량은 주변 구축아파트 가격에 영향을 준다. 안 그래도 구축은 요즘 수요가 줄어드는데 주변에 신축아파트가 많이 들어서면 구축아파트가 살아남기는 힘들 것이다.

아실 앱 > 공급물량

　입주물량에 들어가 인구 이동이 많은 두 개 지역을 '대체지역 추가'로 보면 된다. 빨간색 선을 적정 수요 선으로 보면 되는데 안양시는 2025년에도 입주물량이 수요보다 많아서 가격 상승에 어려움이 있을 수밖에 없다.

안양은 과천, 의왕과 인구 이동이 많기에 같이 보았다

실거래가

실거래가를 설명하기 위해 예시를 들어보자. 최근에 기사들을 보면 'ㅇㅇ억 하락', '반값이 됐다'라는 기사들이 많다. 과연 사실일까? 대부분 기사 제목만 보고 사실 확인을 해 보지는 않았을 것이다. 이번에 한번 확인해 보자.

2025년 1월에 인천 연수구의 준신축아파트 가격이 반토막이 났다는 기사를 보았다. 12억에서 7억, 6억, 5억까지 착실하게 떨어졌다는 기사였다. 요즘 하락했다고 하면 가장 많이 나오는 곳이 바로 인천 송도이다. 아실의 아파트 실거래가를 통해 과거를 추적해 볼 수 있다.

기사에서 예시를 든 단지 중 하나이다. 물론 최근에 해당 단지가 하락세인 것은 맞다. 다만 표시한 12.45억 대비 47% 즉 반토막이 났다는 건 과장일 뿐이다. 최고가 거래인 12억대가 꾸준히 거래된 것이라

기사에서 반값이 됐다고 하는 더샵송도마리나베이

면 그렇게 하락했다 볼 수 있지만, 최고가 거래의 물량이 몇 건 되지 않는데도 반토막이 났다고 보긴 무리가 있기 때문이다. 그래서 사실 확인은 기사를 소비하는 사람이 직접 해야 한다.

학업성취도와 개발구역

해당 지역의 중학교 학업성취도와 개발구역을 확인할 수 있다. 지도만 봐도 모아타운, 재개발 등의 구역을 확인할 수 있고 왼쪽 아래 학군을 클릭하면 해당 지역의 중학교 학업성취도를 확인할 수 있다.

앞에서 살펴보았듯이 학군에서 통상적으로 성취도가 85% 이상이면 보통 이상은 하는 학교로 볼 수 있다. 요즘은 중학교부터 학부모들이 학군을 신경 쓰기 때문에 중학교 학업성취도는 매우 유의미한 데이터로 볼 수 있다.

아실에서 지도를 본 모습

지도 왼쪽 아래 학군을 클릭한 모습

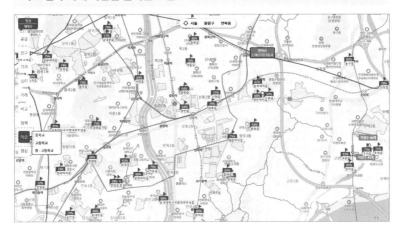

네이버페이
부동산

부동산에 관심 있는 사람이라면 당연히 네이버페이 부동산은 알고 있을 것으로 생각했다. 하지만 오프라인에서 만난 사람 중에 네이버페이 부동산도 모르는 사람들이 많았다. 그래서 이번에 네이버페이 부동산을 통한 매물 검색과 활용 팁을 알아보자.

시장에 나와 있는 매물을 보기 위한 필수 앱이 바로 네이버페이 부동산이다. 나는 보통 시세를 조사할 때는 먼저 PC로 네이버페이 부동산을 검색해 본다. 시세보다 저렴한 매물을 찾을 때는 모바일 네이버페이 부동산을 활용한다.

234

네이버페이 부동산 매물 검색(해당 단지는 예시)

PC로 네이버페이 부동산을 검색할 때는 먼저 관심 있는 매수 방법 (매매, 전세, 월세)을 선택한다. 다음으로는 관심 평형대(20평대, 30평대 등)를 선택한다. 그러면 관심단지를 클릭할 때 자동으로 필터가 걸린 다. 이후 동일 매물을 묶고 낮은 가격순으로 매물을 살펴보면 된다.

다음으로 모바일 네이버페이 부동산 활용법을 살펴보자. 네이버 전용 익스플로러 '웨일'을 설치하고 우측에 나타난 동그라미를 터치 하여 네이버페이 부동산에 들어가면 236쪽과 같은 화면이 나온다.

웨일 측면 탭을 통해 네이버페이 부동산을 들어간 모습

모바일 네이버페이 부동산에서 실거래가를 확인하였다

실거래가		동일면적 매매
매매	전세 ∨	월세
3년 내 최고	**8억 1,500** (계약 22년 4월)	
3년 내 최저	**5억 9,900** (계약 23년 5월)	
2025년 계약		거래 1건
계약일 등기일 층		가격
02.01. - 1층		**6억**

　군이 모바일로도 확인하는 이유는 해당 매물이 평균 시세보다 싼지 비싼지는 모바일에서 더 쉽게 확인할 수 있기 때문이다. 여러 매물을 검색해야 하는 상황에서는 모바일 화면을 활용해 보자.

모바일 네이버페이 부동산으로 여러 매물을 한번에 검색하기 수월하다

또한 238쪽의 그림처럼 조건변경 〉 기타 태그 〉 #급매를 체크하고 물건 검색을 하면 매물에 '#급매'가 들어간 매물만 검색이 되어서 저렴한 매물을 찾는데 도움이 된다.

조건변경으로 검색어(#급매)를 설정하면 빠르게 매물을 검색할 수 있다

설명에 '급매'가 들어간 매물만 나온다

물론 모든 매물에 '급매'가 쓰여 있는 것은 아니기에 실제 임장을 가서 매물을 찾는 방법이 가장 좋다. 또한 설명에 급매가 표시되어 있다고 모두 급매인 것은 아니다. 실제 급매 매물인지 판단하는 것은 투자하는 나라는 것을 잊지 말자.

호갱노노

2021년 급등장 시기에 많은 사람이 사용했던 앱이 호갱노노였다. 보기 쉬운 인터페이스가 장점인데, 한 가지 주의할 점은 호갱노노에 표시되는 가격은 실거래가라는 점이다.

현재 시장에 나와 있는 가격(호가)은 네이버페이 부동산, 이미 거래가 된 가격(실거래가)은 호갱노노에서 표시가 된다. 그만큼 오랫동안 실거래가 없었던 단지는 현재 호가와 가격이 매우 다를 수가 있다. 호갱노노에는 많은 기능이 있는데 그중에서 주로 활용하는 기능을 알아보자.

호갱노노에서 표시되는 가격은 호가가 아닌 실거래가다

필터

　필터는 주로 '갭 ○○억인 단지'를 찾아보는데 사용하고 있다. 갭 2억 이하인 단지를 찾아본다고 생각하고 필터를 설정해 보자.

　자주 쓰는 필터 기준으로 설명하면, 먼저 평형은 가장 대중적인 평형대인 20~37평 정도로 설정한다. 세대수가 적은 단지는 환금성이 떨어지기 때문에 세대수는 200세대 이상으로 잡는다. 요즘 대부분의 가정이 차가 두 대 정도는 있어서 주차 공간은 1.2대 이상으로 잡는다.

　마지막으로 갭 2억 이하인 단지의 필터는 갭 2.3억 이하로 잡는데, 호갱노노는 실거래가가 기준이기 때문이다. 실거래 이후에 매매, 전세 시세에는 반영이 되지 않기에 만약 전세가 실거래가 된 이후 호가가 올랐다면 그만큼 갭이 더 줄어들었을 것이다. 이러한 부분도 체크하기 위해 갭을 목표보다 넓게 잡는 것이 좋다.

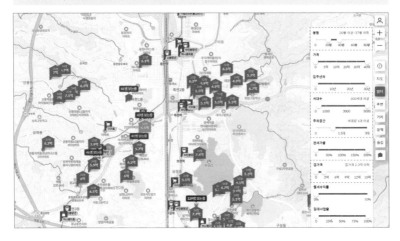

호갱노노에서 필터를 설정한 모습

인기단지

네이버는 인기 검색어가 있듯 호갱노노는 인기단지가 있다. 현재 부동산 시장의 트렌드를 놓치지 않으려면 최근 사람들이 관심 있는 단지가 어딘지를 보면 도움이 된다.

이 책을 쓰던 시기를 기준으로 인기단지 상위 다섯 군데다. 1위는 무순위 청약, 3, 4는 청약, 2, 5는 토지거래허가제 해제로 인한 신고가 갱신 이슈가 있다. 인기단지 다섯 군데의 이유만 파악해도 요즘 사람들의 관심사를 알 수 있다. 물론 정답은 아닐 수 있겠지만, 전문가의 의견만 듣는 것이 아니라 스스로 생각해 보는 것이 실제 매수 의사 결정을 할 때 중요하게 작용한다.

평균 전세가율

단지별 매매/전세의 추이와 전세가율을 자주 확인한다.

호갱노노에서는 단지별로 평균 전세가율을 확인할 수 있다. 예시에 나온 아파트의 경우 평균 전세가율이 거의 90%에 육박하고 있다.

매매/전세 탭으로 가면 해당 단지의 평균 전세가율이 나온다

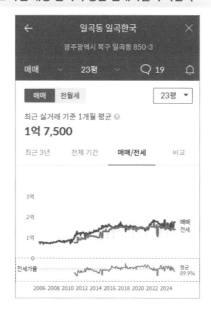

그 말인즉 과거부터 지금까지 매매가 대비 전세값이 항상 높았던 아파트라는 의미이다. 매매하기보다는 전세로만 살고 싶어 하는 아파트로 볼 수 있다. 그만큼 이런 단지들은 투자로 들어가면 리스크가 있다. 특정 모멘텀(예를 들어 공시지가 1억 이하)이 있을 때만 매매가 되고 시세 상승이 있는 단지이기 때문이다.

댓글

단지별 댓글도 참고하면 좋다. 하지만 대부분 호갱노노의 댓글은 해당 단지에 좋은 이야기만 해서 객관적인 정보를 찾기 힘들다. 이럴 때는 장점보다는 '단점'이라고 검색하여 해당 단지의 단점도 파악하면 좋다.

송파구 헬리오시티 댓글에서 단점을 찾아보았다

학원가

학원가 주변 단지들은 전세가 다른 단지에 비해 탄탄하고, 특히 지방에서는 교통이나 직장은 대부분 근거리로 갈 수 있어서 학원가 주변의 단지들을 선호하기에 반드시 확인해야 하는 데이터이다. 아실에서 보았던 학교 학업성취도와 같이 보면 그 지역에서 학군지로 선호되는 지역을 알 수 있다.

호갱노노에서 학원가를 살펴본 모습

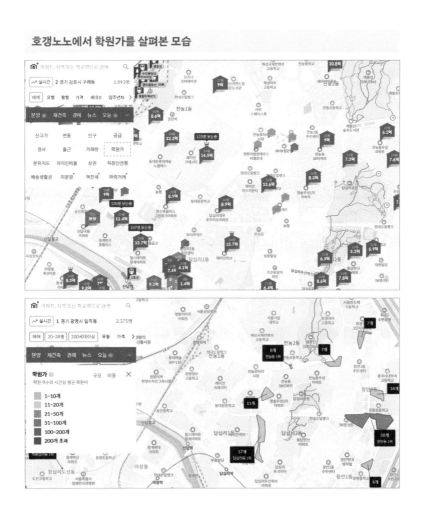

부동산계산기

부동산 수익은 세금을 다 내고 나야 진짜 수익이다. 그만큼 세금은 중요하고 매수 전에 반드시 얼마 정도의 세금이 나올지 확인해야 한다. 하지만 이 아파트를 사면 취득세가 얼마 나올지, 1년 안에 팔면 양도세가 얼마 나올지 등의 고민이 있을 때마다 세무 상담받기도 쉽지 않다. 그렇다고 누구에게 물어보기도 난감하다. 이때 부동산계산기로 간단하게 계산할 수 있다.

부동산계산기 메인 화면

　부동산계산기라는 이름처럼 부동산 관련 다양한 세금, 중개비 등을 계산해 준다. 화면의 취득세 계산으로 들어가 보면 면적, 주택 현황, 주택/오피스텔, 조정대상지역 유무 등 다양한 사례별로 취득세 계산이 가능하다.

무주택자가 생애 최초로 6억 주택을 살 때의 취득세

#	적요	값	비고
1	금액	600,000,000	입력값
2	취득세율	1%	6억 이하 주택 취득세 1%
3	취득세	6,000,000	취득가액 × 취득세율
4	생애최초 취득세 감면	2,000,000	최대 200만원
5	**취득세 감면 후**	**4,000,000**	**6,000,000 - 2,000,000**
6	지방교육세율	0.1%	유상취득, 취득세의 10%
7	지방교육세	400,000	취득세액의 10%
8	**취득세 합계**	**4,400,000**	**취득세 + 지방교육세**

이외에도 부동산지인, 리치고, 부동산플래닛, KB부동산, 청약홈 등의 앱이 있다. 리치고, 부동산 플래닛은 재개발·재건축 분석, KB부동산은 매주 부동산 시황, 청약홈은 청약 신청 등의 기능이 있다.

지금까지 소개한 앱 외에도 각자의 관심사에 따라 활용하기를 바란다.

투자는
자기만의 속도가 중요하다.

죽기 전에 후회 없는 인생을 살려면

어렸을 때부터 막연하게 생각하던 한 가지가 있었다.

"죽기 전에 후회하지 않으려면 어떻게 살아야 할까?"

평상시에 우리가 후회하는 경우는 언제일까? 내가 후회했던 경우를 돌아보니 '아, 그때 해 볼 걸 왜 안 했을까?' 하는 일에 대한 후회가 많이 남았다.

물론 다시 그때로 돌아간다 해도 그 일을 할지 말지는 알 수 없다. 다만 시간을 돌리는 건 내가 선택할 수 없는 일이다. 지금 선택할 수 있는 것은 지금 이 순간에 하고 싶은 일을 하는 것이다. 그래야 나중에 시간이 지났을 때 후회하지 않을 것이다. 그리고 그 시간이 모이면 결국엔 죽기 전에 후회를 덜 하지 않을까 생각한다.

지금 나이가 몇 살인지는 중요하지 않다. 앞으로 남은 인생은 사람마다 다르겠지만 그 시간만큼은 후회하지 않는 것이 중요하다고 생각한다. 사실 처음 출간 제의가 왔을 때 고민이 많았다. 많이 부족한 내가 책을 써도 될까, 만약 쓴다 해도 한 권도 안 팔리면 어떡하지 등 많은 생각이 들었다.

하지만 책을 쓰기로 결심한 것도 미래의 내가 후회하지 않기 위해서였다. 안 하면 후회할 것 같아서, 그냥 해 보자는 마음으로 도전했다. 물론 책을 쓰는 과정은 외롭고 정말 쉽지 않았다. 하지만 이미 저지른 이상 포기할 수 없었다.

"죽기 전에 내 이름으로 된 책 한 번 써 보겠다"

여러분도 한 번은 꿈꾸었을지 모르겠다. 나 또한 그런 꿈을 가지고 있었는데 실제 이렇게 이룰 수 있으리라 생각지 못했다. 하지만 내가 이런 기회를 만난 것은 누가 알아 주지 않아도 꾸준히 쌓아 온 시간들이 있었기 때문이 아닐까 한다. 그 시간이 모여 한 사람의 눈길을 사로잡고 그런 사람이 늘어나다 보면 결국엔 기회를 잡을 것으로 생각한다.

이 책을 읽는 여러분에게도 그런 기회가 온다면 너무 많은 걱정을 하지 말고 도전해 보길 바란다.

부디 이 책을 통해 여러분은 나보다 시행착오를 겪지 않고, 내 명의로 된 부동산 하나를 얻게 된다면 더 바랄 것이 없을 것이다. 이 책을 읽는 모두의 건투를 빈다!

부를 쌓아가는
완벽한 부동산 습관

펴낸날	초판 1쇄 2025년 4월 30일
지은이	케이지
펴낸이	강진수
편 집	김은숙, 우정인
디자인	이재원
인 쇄	(주)사피엔스컬처
펴낸곳	(주)북스고 **출판등록** 제2024-000055호 2024년 7월 17일
주 소	서울시 서대문구 서소문로 27, 2층 214호
전 화	(02) 6403-0042 **팩 스** (02) 6499-1053

ISBN   979-11-6760-099-8 03320

책 출간을 원하시는 분은 이메일 booksgo@naver.com로 간단한 개요와 취지, 연락처 등을 보내주세요.
Booksgo는 건강하고 행복한 삶을 위한 가치 있는 콘텐츠를 만듭니다.